Dieter Quast

»Wanderer zwischen den Welten«
Die germanischen Prunkgräber von Stráže und Zakrzów

MOSAIKSTEINE

Forschungen am
Römisch-Germanischen Zentralmuseum
Band 6

Römisch-Germanisches Zentralmuseum
Forschungsinstitut für Vor- und Frühgeschichte

Dieter Quast

»Wanderer zwischen den Welten«
Die germanischen Prunkgräber von Stráže und Zakrzów

Begleitbuch zur Ausstellung im Römisch-Germanischen Zentralmuseum
10. September 2009 bis 10. Januar 2010

Verlag des Römisch-Germanischen Zentralmuseums   Mainz 2009

Das RGZM dankt den Leihgebern:

Balneologické Múzeum Piešt'any (Dr. Vladimír Krupa)
Muzeum Miejskie Wrocławia, Oddział Muzeum Archeologiczne (Dr. Krzysztof Demidziuk)

Mehrere Institutionen haben die wissenschaftlichen Arbeiten durch die Ausleihe von Originalen und die Erlaubnis zur Anfertigung von Kopien unterstützt:

Projekt Krakovany-Stráže:
Slovenské Národné Múzeum Bratislava, Archeologické Múzeum (Dr. Vladimír Turčan)
Hornonitrianske Múzeum Prievidza (Dr. Iveta Géczyová)
Balneologické Múzeum Piešt'any (Dr. Vladimír Krupa, Marián Klčo)
Slovenská Akadémia Vied, Archeologický Ustav Nitra (Dr. Matej Ruttkay, Dr. Titus Kolník)

Projekt Wrocław-Zakrzów:
Muzeum Miejskie Wrocławia, Oddział Muzeum Archeologiczne (Dr. Maciej Łagiewski, Dr. Krzysztof Demidziuk)
Muzeum Narodowe w Warszawie (Prof. Dr. Witold Dobrowolski, Dr. Jerzy Żelazowski)

Ausstellungstexte und wissenschaftliche Konzeption:
Dieter Quast

Ausstellungsgraphik und Gestaltung:
Ulrike Lehnert, Michael Ober

Ausstellungstechnik und Aufbau:
Rüdiger Lehnert, Friedel Tratschitt, Werner Vollrath, Peter Werther

Öffentlichkeitsarbeit:
Dominik Kimmel, Juliane Schwoch, Juliane Kiefer

Redaktion, Photographie, Bildbearbeitung und Layout:
Evelyn Bott, Hans G. Frenz, Volker Iserhardt, Hans Jung, Reinhard Köster, René Müller, Martin Schönfelder, Sabine Steidl

**Bibliografische Information
der Deutschen Nationalbibliothek**

Die Deutsche Nationalbibliothek verzeichnet diese Publikation in der Deutschen Nationalbibliografie; detaillierte bibliografische Daten sind im Internet über **http://dnb.d-nb.de** abrufbar.

ISBN 978-3-88467-139-9

© 2009 Verlag des Römisch-Germanischen Zentralmuseums Mainz.
Das Werk ist urheberrechtlich geschützt. Die dadurch begründeten Rechte, insbesondere die der Übersetzung, des Nachdrucks, der Entnahme von Abbildungen, der Funk- und Fernsehsendung, der Wiedergabe auf photomechanischem (Photokopie, Mikrokopie) oder ähnlichem Wege und der Speicherung in Datenverarbeitungsanlagen, Ton- und Bildträgern bleiben, auch bei nur auszugsweiser Verwertung, vorbehalten. Die Vergütungsansprüche des § 54, Abs. 2, UrhG. werden durch die Verwertungsgesellschaft Wort wahrgenommen.

Herstellung: betz-druck GmbH, Darmstadt
Printed in Germany

Inhaltsverzeichnis

VII Vorwort
1 Die Rahmenbedingungen: Die Krise des Römischen Reiches im 3. Jahrhundert
3 Germanische Prunkgräber des 3. Jahrhunderts
5 Die östliche Gruppe der germanischen Prunkgräber
7 Wrocław-Zakrzów (ehemals Sakrau), (woj. dolnośląskie, PL)
9 Stráže (heute Krakovany-Stráže, Trnavský kraj, okr. Piešťany, SK)
11 Die Datierung der Gräber
12 Die Bestatteten
13 Bestattungsritus und Grabbau
17 Luxus aus dem Römischen Reich
    »Alltäglicher« Luxus
    Exklusiver Luxus
    Zerbrechlicher Luxus: Glasgefäße und Terra Sigillata
    Germanische Nachahmungen römischer Gefäße
31 Das Bankett – mit Speis und Trank ins Jenseits
35 Körperpflege und Spiel, Kleidung und Schmuck – barbarische Rangabzeichen und Herrschaftssymbole
    Sporen
    Gürtel
    Fibeln
    Das Collier aus Zakrzów Grab II
    Ringschmuck
47 Bilderwelten – »kultische Kommunikation«
51 Germanische Prunkgräber der Römischen Kaiserzeit im Spannungsfeld zwischen Römischem Reich und barbarischem Umfeld
    Das siedlungsgeschichtliche Umfeld der Prunkgräber
    Die Vernetzung barbarischer Eliten
    Gute Barbaren – schlechte Barbaren: Die Beziehungen zum Römischen Reich
57 Literatur
63 Abbildungsnachweise

Vorwort

Die Ausstellung »Wanderer zwischen den Welten – die germanischen Prunkgräber von Stráže und Zakrzów« geht auf das Projekt »Germanische Fürstengräber der Römischen Kaiserzeit im Spannungsfeld zwischen Römischem Reich und germanischem Umfeld« zurück, das im RGZM seit einigen Jahren im Rahmen des Forschungsschwerpunktes »Eliten« angesiedelt ist. Die beiden Fundorte Stráže und Zakrzów stellen dabei jeweils eigenständige Teiluntersuchungen dar, die in Kooperation mit den Kollegen vor Ort durchgeführt werden. Die Arbeiten zu Zakrzów sind abgeschlossen und werden für den Druck vorbereitet. Wenn in diesem Ausstellungs-Begleitband schon auf die Ergebnisse dieser Publikation zurückgegriffen werden kann, so ist es mir eine angenehme Pflicht, den Kollegen zu danken, die ausführliche Analysen unterschiedlicher Fundgruppen beigesteuert haben: Kent Andersson, Uppsala (Fingerringe), Arthur Błażejeweski, Wrocław (Besiedlung im Umland), Marcin Bohr, Wrocław (Keramik), Renata Ciołek, Warszawa (Münzen und Münzabschläge), Katarzyna Czarnecka, Warszawa (Kästchen), Krzysztof Demidziuk, Wrocław (Entdeckung und Forschungsgeschichte), Susanne Greiff, Mainz (Metallanalysen), Ireneusz Jakubczyk, Łódź (Scheren und Messer), Jerzy Kolendo, Warszawa (Vierfuß), Renata Madyda-Legutko, Kraków (Spielsteine, Gürtel), Magdalena Mączyńska, Łódź (Arm- und Halsringe, Perlen), Richard Petrovszky, Speyer (Bronze- und Silbergefäße), Marzena Przybyła, Kraków (Pressbleche, Gürtel), Christina Peek, Esslingen (Textilreste), Judyta Rodzińska-Nowak, Kraków (Geräte zur Körperpflege, Löffel), Jerzy Żelazowski, Warszawa (Gläser).

Für die unkomplizierte Zusammenarbeit während des Zakrzów-Projektes möchte ich den Kollegen im Muzeum Narodowe w Warszawie (Witold Dobrowolski, Jerzy Żelazowski) und im Muzeum Miejskie Wrocławia, Oddział Muzeum Archeologiczne herzlich danken. Vor allem Krzysztof Demidziuk möchte ich erwähnen, der nicht nur alle Arbeiten in Wrocław perfekt organisiert, sondern auch stets ein hohes Maß an Begeisterung für unsere gemeinsamen Arbeiten ausgestrahlt hat. Das Teilprojekt Stráže steht noch am Beginn der Auswertungsarbeiten, da die sorgfältige Dokumentation und teilweise notwendige Restaurierung des umfangreichen, anspruchsvollen Fundmaterials viel Zeit benötigte. Für die unkomplizierte Zusammenarbeit möchte ich den Kollegen im Slovenské Národné Múzeum Bratislava, Archeologické Múzeum (Vladimír Turčan), im Hornonitrianske Múzeum Prievidza (Iveta Géczyová) und ganz besonders im Balneologické Múzeum Piešť'any danken. Ich möchte hier Vladimír Krupa namentlich nennen, der zeitweise große Teile seiner archäologischen Ausstellung für unser Projekt geräumt hat. Ohne die Unterstützung von Matej Ruttkay von der Slovenská Akadémia Vied, Archeologický Ustav in Nitra hätte das Stráže-Projekt vermutlich nicht so problemlos starten können. Dank schulde ich schließlich auch Martin Schönfelder vom RGZM für seine tatkräftige Unterstützung.

Ich möchte an dieser Stelle auch besonders zwei Kollegen für rege Diskussionen danken, nämlich Matthias Becker aus Halle und Markus Scholz vom RGZM. Beide haben mir bei der Beschäftigung mit den »Wanderern zwischen den Welten« sehr geholfen.

Bei der Analyse der Objekte, bei den angefallenen Neurestaurierungen und bei den Kopierarbeiten haben vielen Kolleginnen und Kollegen im RGZM mitgearbeitet, und ohne sie wäre diese Ausstellung nicht realisierbar gewesen. Daher geht an dieser Stelle mein »herzliches Dankeschön« an: Christian Eckmann, Maiken Fecht, Stephanie Felten, Ulrich Frohberg, Roswitha Goedecker-Ciolek, Uwe Herz, Heidrun Hochgesand, Ulrike Lehnert, Stefan Patscher und Leslie Pluntke. Die Fotoarbeiten wurden von Sabine Steidl, Volker Iserhardt und René Müller ausgeführt; die Zeichnungen fertigten Michael Ober, Julia Ribbeck, Hartmut Schmidt † und Heike von Goddenthow an. Auch ihnen gilt mein herzlicher Dank.

Die Ausstellung »Wanderer zwischen den Welten« wurde im Wesentlichen von Ulrike Lehnert und Michael Ober gestaltet. Die Zusammenarbeit mit beiden war sehr angenehm! Die Redaktions-, Satz- und graphischen Arbeiten für die vorliegende Publikation haben Evelyn Bott, Hans G. Frenz, Hans Jung und Reinhard Köster durchgeführt, wofür ihnen nochmals gedankt sei.

Diese Publikation kann keinesfalls eine wissenschaftliche Arbeit ersetzen. Nicht alle Objekte der Prunkgräber aus Zakrzów und Stráže können hier gezeigt werden und keines kann in der ihm gebührenden Ausführlichkeit vorgestellt werden. Ausstellung und Publikation sollen einen Einblick in die aktuellen Forschungen des RGZM geben.

Die Rahmenbedingungen: Die Krise des Römischen Reiches im 3. Jahrhundert

Das dritte Jahrhundert wird für das Römische Reich zumeist mit dem Begriff Krise beschrieben. Als Charakteristikum dieser Epoche gilt traditionell der Verfall der Staatsmacht. In rascher Folge wechselten die Kaiser, die sich seit Maximinus Thrax (235-238) stark auf das Militär stützten und deshalb als »Soldatenkaiser« bezeichnet werden. Oft gab es mehrere Kaiser nebeneinander, die sich gegenseitig bekriegten. Neben diesen innerrömischen Auseinandersetzungen erfolgten Bedrohungen von außen an nahezu allen Grenzabschnitten. Germanische Gruppen fielen am Niederrhein, in Südwestdeutschland und an der unteren Donau plündernd tief ins Reichsgebiet ein. Weit problematischer waren die verlustreichen Kriege im Osten. Das Perserreich unter der Dynastie der Sasaniden war ein Staatswesen, das zwar anders organisiert, jedoch in der Effektivität seiner Herrschaft dem Römischen Reich vergleichbar war. Der römische Kaiser Gordian III. wurde 244 in einer Schlacht bei Mīšik (ca. 40km westlich von Bagdad) tödlich verwundet, und sein Nachfolger Philippus Arabs musste einen für Rom ungünstigen Friedensabschluss unterzeichnen. Weit schlimmer war jedoch die Gefangennahme Valerians durch Šapur I. (239/40-270/72) in der Schlacht bei Edessa (heute Şanlıurfa, TR, im türkisch-syrischen Grenzgebiet) im Jahre 260. Für die Bevölkerung des Römischen Reiches muss dieser Vorgang geradezu schockierend gewesen sein, war es doch die Person des vergötterten Kaisers, die Einheit und Funktionalität des Reiches garantierte. Es ist bezeichnend, dass es infolge von Valerians Gefangennahme in einigen Provinzen zu (wenn auch kurzlebigen) Loslösungen von der Zentralmacht kam (**Abb. 2**). Im Osten bildete sich in Palmyra (bei Tadmur im heutigen Syrien) eine quasi-souveräne Machtsphäre heraus. Odaenathus (**Abb. 1**), Exarchos der Stadt seit 257/58 und römischer Statthalter der Provinz Syria Phoenice, drängte die Sasaniden zurück und dehnte seinen Herrschaftsbereich auf weitere römische Provinzen aus. Seine Witwe Zenobia konnte das Einflussgebiet des Sonderreiches bis nach Ägypten und Arabien erweitern und rief ihren minderjährigen Sohn Vaballathus zum Augustus aus (**Abb. 3**). Aurelian (**Abb. 4**) zerschlug 272 dieses erstarkte Teilreich im Osten gleich nach seinem Regierungsantritt.

Abb. 1 Odaenathus († 267), römischer Statthalter der Provinz Syria Phoenice.

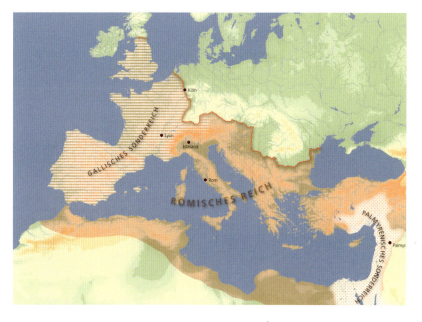

Abb. 2 Das Römische Reich und die Ausdehnung des Gallischen Sonderreiches unter Postumus sowie des Palmyrenischen Sonderreiches unter Zenobia.

Abb. 3 Zenobia (267/68-272) und Vaballathus. Die Witwe Odaenathus' regierte anstelle ihres minderjährigen Sohnes und erweiterte den Machtbereich Palmyras bis nach Ägypten.

Abb. 4 Aurelianus, römischer Kaiser von 270-275.

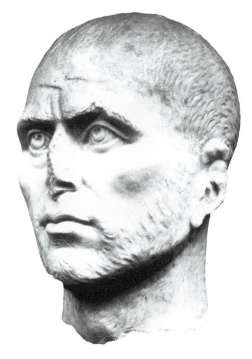

Auch im Westen etablierte sich nach der Gefangennahme Valerians ein ernstzunehmendes Sonderreich. Vor allem die Unfähigkeit der Zentralmacht, die Rheingrenze effektiv zu schützen, gab wohl den Ausschlag zur Separierung der gallischen Provinzen unter Postumus (Abb. 5), der Köln belagerte und Gallienus' Sohn Saloninus und dessen Prätorianerpräfekten Silvanus gefangen nahm und töten ließ. Zeit seines Bestehens war das Gallische Sonderreich in kriegerische Auseinandersetzungen mit den legitimen römischen Kaisern verwickelt. Doch erst 274 gelang es Aurelian, auch den Westen des Reiches zurückzuerobern.

All diese militärischen Maßnahmen, sowohl im Inneren als auch nach außen gerichtet, verschlangen enorme Mittel und führten – kombiniert mit dem Niedergang der inneren Sicherheit – zu einer wirtschaftlichen Krise. Hinzu gesellten sich anscheinend u.a. durch Raubbau bedingte Umweltkrisen. Da die Ressourcen zur Finanzierung des Heeres und der Verwaltung kaum noch ausreichten, kam es zu einer Geldentwertung. Der laufend reduzierte Silbergehalt der Denare verdeutlicht diese Inflation noch heute mit jeder Fundmünze der Zeit.

Dies sind die »Rahmenbedingungen« innerhalb des Römischen Reiches. Doch nicht nur dort – denn die barbarischen Eliten waren längst in einem bestimmten Maß mit dem Reich verwoben. Wie genau die Kenntnis römischer Truppenverlagerungen auf germanischer Seite war, zeigen die darauf folgenden barbarischen Vorstöße weit ins Reichsinnere, die allerdings teilweise durch konkurrierende Kaiserprätendenten angestiftet wurden. Doch auch als Verbündete waren germanische Truppenkontingente längst fester Bestandteil der römischen Armee. Für die innerrömischen Auseinandersetzungen, die durch die Gründung des Gallischen Sonderreiches bedingt waren, warben vor allem die Usurpatoren verstärkt solche Verbände an: die *ingentia auxilia Germanorum*, wie sie in der Vita Victorini genannt werden. Gallienus schloss Verträge mit den elbgermanischen Juthungen ab, und von Aurelian ist bekannt, dass er u.a. vandalische Reiter integrierte. Das bedeutete keinesfalls, dass diese Menschen den Rest ihres Lebens innerhalb des Römischen Reiches zubrachten. Die meisten von ihnen kehrten wohl zurück, bereichert um die Kenntnis des römischen Lebens, der römischen Verwaltung und der römischen Armee. Von all dem ging ein gewaltiger kultureller Schub aus, der auf die barbarischen Gesellschaften wirkte.

Abb. 5 Postumus, Kaiser des Gallischen Sonderreiches von 260-269.

Germanische Prunkgräber des 3. Jahrhunderts

Überdurchschnittlich reich ausgestattete Gräber sind nicht aus allen frühgeschichtlichen Perioden bekannt. Die jeweiligen Eliten nutzen nicht immer eine prunkvolle Bestattung, um Herrschaftsansprüche und Legitimation zu demonstrieren. Das 3. Jahrhundert und besonders dessen zweite Hälfte ist aber im mittel- und nordeuropäischen Barbaricum durch Prunkgräber gekennzeichnet. Als überregionales Phänomen treten sie von Norwegen über Dänemark, Mitteldeutschland, Polen bis in die östliche Slowakei hinein auf. Kartiert man die bekannten Fundstellen, so zeigen sich drei Schwerpunkte (**Abb. 6**): die dänischen Inseln mit dem wohl bekanntesten Fundort Himlingøje auf Seeland (**Abb. 7**), Sachsen-Anhalt und Thüringen mit den namengebenden Fundorten Haßleben (**Abb. 8**) und Leuna, denen nun auch das modern untersuchte Grab aus Gommern an die Seite gestellt werden kann, und schließlich die »östliche Gruppe«.

Sowohl die dänischen als auch die mitteldeutschen Gräber waren Gegenstand mehrerer Untersuchungen, die (häufig angeregt durch neue Ausgrabungen) unsere Kenntnis der Beziehungen dieser Gruppen untereinander aber besonders auch zum römischen Imperium auf eindrucksvolle Weise erweitert haben. Bereits 1973 hatte Joachim Werner die mitteldeutschen Prunkgräber des 3. Jahrhunderts aufgrund schriftlicher und archäologisch-numismatischer Quellen mit den in der Vita Victorini genannten *ingentia auxilia Germanorum* in Verbindung gebracht – germanischer Kontingente, die während der innerrömischen Auseinandersetzungen der 260er-Jahre vor allem von Usurpatoren verstärkt angeworben wurden. Diese These unterstrich Werner 1989 nochmals durch die Diskussion römischer Militärfibeln zweier Männergräber aus Leuna.

Die seeländische Gruppe mit dem Fundort Himlingøje setzt zeitlich etwas früher ein als die mitteldeutsche, nämlich bereits in der ersten Hälfte des 3. Jahrhunderts. Ulla Lund Hansen hat die Bedeutung dieses seeländischen Zentrums für die Weiterverteilung römischer Waren im gesamten Ostseeraum hervorgehoben – eine Monopolstellung, die natürlich direkte Kontakte

Abb. 6 Kartierung der Prunkgräber des 3. Jahrhunderts n. Chr. im Barbaricum.

Abb. 7 Funde aus Grab 2 / 1949 von Himlingøje (Seeland, DK).

Abb. 8 Grab der »Fürstin« von Haßleben (Lkr. Sömmerda, D).
1 Skizze der Grabkammer.
2-4 ausgewählte Beigaben. – 2 Goldener Halsring. – 3 Scheibenfibeln, Silber, teilweise vergoldet mit großer Bernsteineinlage. – 4 Goldener Fingerring mit Granateinlage.

1

2

3

4

zum Römischen Reich voraussetzte. Birger Storgaard meint sogar, das römische Reich habe nach den Markomannenkriegen hier einen Klientelstaat installiert.

In jedem Fall spiegeln die germanischen Prunkgräber also Gruppen wider, die erfolgreich mit oder gegen das Römische Reich agierten. Um es auf eine einfache Formel zu bringen: Ohne Römisches Reich keine germanischen Prunkgräber!

Die östliche Gruppe der germanischen Prunkgräber

Während aus Mitteldeutschland und von den dänischen Inseln relativ viele Prunkgräber bekannt sind, gibt es östlich der Oder nur noch wenige Beispiele (**Abb. 9**). Von einer »Gruppe« zu reden, ist eigentlich schon übertrieben, denn ihre geographische Streuung ist sehr weit, und nirgendwo sind Konzentrationen zu erkennen: Ostrovany (ehem. Osztropátaka; okr. Sabinov, SK), Cejkov (ehem. Czéke; okr. Trebišov, SK) sowie die beiden in der Ausstellung gezeigten Fundorte Wrocław-Zakrzów (ehemals Sakrau; woj. dolnośląskie, PL) und Stráže (heute Krakovany-Stráže, Trnavský kraj, okr. Piešťany, SK). Es handelt sich stets um einzelne Gräber oder kleinere Grabgruppen, die aber anscheinend maximal drei Bestattungen aufweisen. In jedem Fall liegen sie separiert von den großen Gräberfeldern der einfachen Bevölkerung. In Ostrovany handelt es sich vermutlich nur um eine Bestattung, ebenso auch in Cejkov. Es gibt zwei weitere »fürstliche« Bestattungen östlich der Oder. In Rudka (Volyns'ka obl., UA) wurde kurz vor Ausbruch des Zweiten Weltkrieges bei Straßenbauarbeiten ein reiches Männergrab entdeckt, von dem allerdings unklar ist, ob es als Einzelgrab angelegt wurde oder zu einer Grabgruppe oder sogar zu einem Gräberfeld gehörte. Aus Pielgrzymowo (ehem. Pilgramsdorf, woj. warmińsko-mazurskie, PL) ist schließlich ein bereits alt beraubter Grabhügel mit erhaltener Holzkammer und Resten einer ursprünglich reichen Beigabenausstattung bekannt. Ein zweiter Hügel, ebenfalls alt beraubt, befand sich in etwa 50 m Entfernung.

Die Prunkgräber der östlichen Gruppe weisen einige Besonderheiten auf, die sie von jenen Mitteldeutschlands unterscheiden. Zunächst einmal ist es die gerade erwähnte geringe Anzahl an Bestattungen pro Fundort. Im Gegensatz dazu sind aus Haßleben 24 und aus Leuna mindestens elf Bestattungen bekannt. Zwar gibt es auch in Mitteldeutschland kleine Grabgruppen, doch eben nicht so ausschließlich wie in der Slowakei und in Polen. Weit auffälliger ist aber der enorme Beigabenreichtum der Bestattungen der östlichen Gruppe. Obwohl es keine überregionalen Quantifizierungen für die jüngerkaiserzeitlichen Prunkgräber gibt, gehören Stráže, Zakrzów und Ostrovany mit einer sog. Kaiserfibel (**Abb. 10**) zu den reichsten Grablegen des 3. Jahrhunderts. Auch das tumultuarisch geborgene Grab von Cejkov dürfte aufgrund der erhaltenen Beigaben – u.a. ein Diatretglas und ein goldener Halsring (**Abb. 11**) ursprünglich sehr reich ausgestattet gewesen sein.

Wolfgang Schlüter und Jan Bemmann haben die mitteldeutschen Bestattungen nach ihrer Ausstattung gruppiert. Wendet man die von beiden Autoren herausgestellten Kriterien auf die östliche Gruppe an, so wird klar, dass sie zur absoluten Spitzengruppe gehören. Vergleichbar sind nur das Grab der »Fürstin« aus Haßleben und das Grab von Gommern (Kr. Burg, D). Etwas anderes wird aber ebenso deutlich: das Argumentieren mit dem Vorhandensein von Gold bzw. Silber in den jeweiligen Prunkgräbern ist kaum ausreichend. Fibeln bewegen sich normalerweise im Bereich unter 20 g, und auch der Silberbecher aus Leuna Grab 2/1917 wiegt gerade einmal 101 g. Gegen den Silberteller aus Haßleben mit 1,463 kg oder den 1,740 kg schweren Hemmoorer Eimer aus Gommern wirkt das gering. Aus Stráže Grab II liegen zwei Silbergefäße vor, die jeweils über 3 kg auf die Waage bringen: die Lanx wiegt (ohne Griffplatten) 3,402 kg, das Hängebecken 3,758 kg (**Abb. 12**).

Der Reichtum der östlichen Gruppe wird nicht nur durch das Material und die Qualität der Ob-

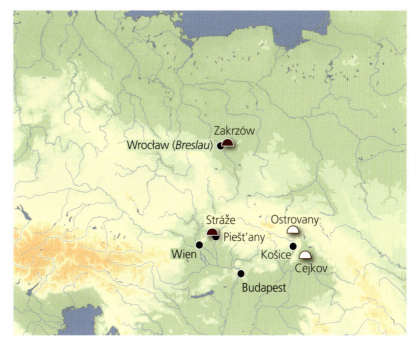

Abb. 9 Lage der Prunkgräber der östlichen Gruppe.

Abb. 10 Die »Kaiserfibel« aus Ostrovany, Gold und geschliffener Onyx.

Abb. 11 Der goldene Halsring aus Cejkov.

Abb. 12 Der enorme Reichtum der Prunkgräber des 3. Jahrhunderts ist bereits am Gewicht der für die Beigaben verarbeiteten Edelmetalle zu erkennen.

jekte charakterisiert – hinzu kommt eine »Mehrfachausstattung«. Die Gräber von Stráže enthalten jeweils zwei Paare Silbersporen identischer Form. Man kann also nicht etwa eine einfache und eine kostbare Form unterscheiden. Ganz im Gegenteil: ein Exemplar aus Grab II wurde vermutlich erst für die Bestattung angefertigt (s.u.). Auch die Beigabe von Fibeln aus Edelmetall übersteigt weit den Bedarf. Leider erlauben die Fundsituationen keine Aussagen darüber, ob verschiedene Gewänder (»Amtstrachten«?) oder – wahrscheinlicher – ein »symbolischer Schatz« beigegeben wurden. In Mitteldeutschland kann wiederum nur Grab 8 aus Haßleben mit diesem Reichtum mithalten.

	Gold	Silber	Bronze
Gommern	> 600 g	> 2.800 g	> 30.000 g
Ostrovany I	> 1.764 g	> 9.286 g	keine Angaben
Ostrovany II	> 306 g	keine Angaben	keine Angaben
Stráže I	>28 g (+ verschollener Halsring)	> 141 g	> 1.963 g
Stráže II	?	> 11.547 g	> 11.589 g
Zakrzów I	> 436 g	> 1.043 g	> 17.455 g
Zakrzów II	> 58 g	> 241 g	> 2.763 g
Zakrzów III	> 184 g	> 261 g	keine Angaben
Haßleben 8	> 152 g	> 1.463 g	keine Angaben

Wrocław-Zakrzów (ehemals Sakrau), woj. dolnośląskie, PL

Am 1. April 1886 stießen drei Arbeiter der Papierfabrik Korn in der am westlichen Ende des Dorfes Zakrzów (ca. 8 km im NO des Stadtzentrums Wrocław, am rechten Oderufer; **Abb. 9; 13**) gelegenen Sandgrube unmittelbar unter der ca. 35cm starken Ackerkrume auf große Steine. Sie wurden zur Seite geräumt, um mit dem Abgraben des benötigten Sandes fortfahren zu können. Dabei stieß man zunächst auf kleine Spielsteine aus Glas (die als solche natürlich nicht erkannt wurden), einen goldenen Hals- und Armring und auf Fibeln. »Fast jeder Spatenstich förderte etwas Neues« zitiert Wilhelm Grempler die Angaben der Arbeiter. Vor allem das Gold erregte deren Interesse und so kam es, dass einige Silberfragmente und Keramikscherben achtlos zur Seite geworfen wurden. Erst am nächsten Tag wurde der Fabrikverwaltung der Fund gemeldet. Die Objekte wurden sichergestellt, doch blieb eine Goldmünze verschollen. Da sich die ungewöhnliche Entdeckung schnell herumsprach, eilte der im Ort stationierte Gendarm zur Sandgrube und traf zwei Arbeiter beim Schachten an. Er stellte die Funde sicher – darunter ein Vierfuß und Bronzegeschirr. Daraufhin wurden von der Fabrikverwaltung die Arbeiten an der Fundstelle eingestellt, und der Kustos des Breslauer Museums, Dr. Hermann Luchs, wurde verständigt, der sich mit Dr. Wilhelm Grempler nach Sakrau begab. Der Geheime Sanitätsrat Dr. Grempler war im Hauptberuf praktischer Arzt, doch hatte er sich durch seine altertumskundlichen Forschungen einen Ruf in Archäologenkreisen erworben. Immerhin gehörte er 1890 neben Rudolf Virchow und Wilhelm Dörpfeld zu denjenigen, die zur zweiten Trojakonferenz geladen wurden.

Am 3. und 4. April untersuchten Grempler und Luchs die Reste des entdeckten Grabes und ließen auch den bereits ausgehobenen Sand sieben, um weitere Funde sicherzustellen (**Abb. 14**). Zwar konnte für kein Objekt mehr die Fundlage im Grab festgestellt werden, doch dokumentierte Grempler die Reste der Grabkammer sorgfältig (**Abb. 24**). Er erwähnt mehrfach, dass bei der Untersuchung Grundwasser in das Grab eindrang und die Arbeiten behinderte. Der oberflächennahe Grundwasserspiegel und substrat-

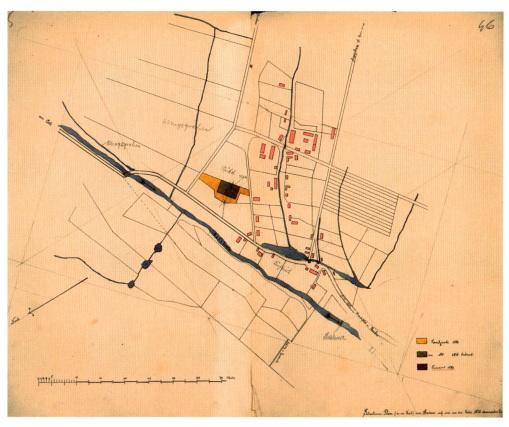

Abb. 13 Zakrzów: Lage der Fundstelle (»Sandgrube«) am westlichen Ortsrand.

Abb. 14   Zakrzów Grab I: die Funde nach der Restaurierung.

Abb. 15   Zakrzów: Lageplan der drei Grabkammern. Für Grab III ist die Lage der einzelnen Funde wie folgt angegeben: »a Kleine Goldfibula. – b Torques. – c Berlok. – d Große Goldfibula nebst Stoffresten. – e Silbernes Messer. – f Goldmünze des Claudius Augustus. – g Armring. – h Fingerringe. – i Reste des Schmuckkästchens mit Münzabschlägen, Silberplatten, Fibula etc., in Stoff gehüllt. – k Bronzekessel mit Löffel, Schere, Spielsteinen etc. – j Millefiori-Glasschale. – l Reste eines Holzgefäßes mit Silberrand, innen Dreirollenfibel und Gürtelbeschläge. – m Größtes Thongefäß mit weißgrauen Ornamenten (leer). – o Zahllose Thonscherben.«

bedingte Staunässe dürften einerseits für die gute Erhaltung der organischen Materialien verantwortlich sein – andererseits bedingte die Bodenphysik das weitgehende Fehlen von Eisengegenständen und von Skelettresten in den Gräbern.

Bereits ein Jahr später wurde am 23. Juli ein weiteres Grab entdeckt, und Wilhelm Grempler wurde sofort durch ein Telegramm benachrichtigt. Er begab sich zwar unverzüglich zur Fundstelle, doch »hatten die Herren von der Fabrik ihren Forschungsdrang nicht bemeistern können« und schon zu graben begonnen. Angaben zur Lage der Objekte fehlen daher, und Grempler beschreibt die Kammer lediglich, ohne eine Zeichnung anzufertigen. In Erwartung eines weiteren Grabes ließ er allerdings einen Suchgraben anlegen – und so wurde Grab III entdeckt und am 26. Juli ausgehoben. Grempler war zwar nicht anwesend, schickte aber »Herrn Generalagenten Langenhan, welcher wiederholt an Ausgrabungen beteiligt war«. Ihm gelang es, das dritte Grab zu untersuchen und zu dokumentieren. Auf einer schematischen Zeichnung ist die Lage der Funde in der Grabkammer festgehalten (Abb. 15). Auch bei diesen beiden Gräbern wurde der Aushub gesiebt, wobei mehrere Funde geborgen werden konnten. Die Funde der Gräber II und III wurden bis zum Abtransport nach Breslau in der Fabrik gelagert und anscheinend kam es dabei zu minimalen Fundvermengungen.

Leider wurde im Zweiten Weltkrieg der größte Teil der Funde aus Zakrzów vernichtet oder ist zumindest verschollen. Von großer Bedeutung sind daher eine vollständige Fotodokumentation aller Funde im Muzeum Miejskie Wrocławia, Oddział Muzeum Archeologiczne, einige galvanoplastische Kopien und Aquarelle aus den Inventarbüchern des RGZM und auch die Wiederentdeckung der Akten des ehemaligen Landesamtes für vorgeschichtliche Denkmalpflege in Breslau im Staatlichen Archiv Wrocław.

Stráže (heute Krakovany-Stráže), Trnavský kraj, okr. Piešťany, SK

Auch die Entdeckung der Gräber von Stráže erfolgte zufällig bei Arbeiten in der Lehmgrube der Ziegelei am südwestlichen Rand des Ortes (**Abb. 9; 16**). Schon wenige Jahre zuvor, nämlich 1929, wurden hier frühvölkerwanderungszeitliche Gräber freigelegt. Die meisten überlieferten Angaben zu den Prunkgräbern des 3. Jahrhunderts sind aber mit Vorsicht zu betrachten, z.T. sogar widersprüchlich. Dies liegt sicherlich in der Tatsache begründet, dass die Entdeckung der ersten Bestattung nicht gleich gemeldet wurde. Der Verwalter des Bades Piešťany, Václav Vlk, begab sich zwar zur Fundstelle, konnte aber nur noch den Großteil der Grabbeigaben für sein Museum sicherstellen. Zu den Grabbeigaben gehörte auch ein goldener Halsring »von hohem künstlerischem Wert«, der jedoch – trotz gerichtlicher Verfolgung – nicht mehr in öffentlichen Besitz überführt werden konnte. Nachträglich wurden aber eine silberne Schere, ein silberner Löffel und ein silbernes Miniatursiebgefäß sichergestellt.

Bei der Entdeckung »stürzte« das Grab den Arbeitern entgegen, d.h. die Verfüllung der Grube muss deutlich lockerer gewesen sein als der umgebende Lehm; vielleicht war sogar ein Hohlraum konserviert. Nur so ist auch zu erklären, dass die Ausmaße der Grabgrube relativ genau ermittelt werden konnten. Die Lage der einzelnen Funde im Grab war natürlich nicht mehr zu klären. Derzeit ist anhand der unterschiedlichen Publikationen nicht einmal sicher das Funddatum zu ermitteln. Eduard Beninger nennt recht präzise den »Juni 1932«, Titus Kolník das Jahr 1932, Bedřich Svoboda sowie Marián Klčo und Vladimír Krupa erwähnen 1933 und Ernest Opluštil notiert sogar 1934.

Das zweite Grab wurde am 23.2.1939 entdeckt, wieder bei Arbeiten in der Lehmgrube. Obwohl der Sekretär der Piešťaner Musealen Gesellschaft, Ernest Opluštil, gleich nach der ersten Benachrichtigung in die Ziegelei eilte, sah er nur ein »völlig herabgestürztes« Grab, bei dem sich »kein einziger Gegenstand mehr an der ursprünglichen Stelle befand«. Opluštil konnte dieses Grab zwar einmessen, doch ist seine Skizze verloren. Überliefert ist nur, dass es sich ca. 6-10 m vom Trocknungsschuppen der Ziegelei entfernt befand (**Abb. 17**).

Wiederum konnten zahlreiche Beigaben für das Museum in Piešťany übernommen werden, doch sind anscheinend mehrere auch für den Laien erkennbar wertvolle Objekte zunächst verheimlicht worden. Erst 1953, also 14 Jahre nach der Aufdeckung des Grabes, konnte Prof. Dr. Vojtech Budinský-Krčka »unter ganz ungewöhnlichen Umständen« in Erfahrung bringen, dass sich noch Funde aus der Bestattung in Privatbesitz befänden. Er war 1951-1955 als politischer Gefangener in Ilava inhaftiert und bekam Informationen von Mithäftlingen. 1989 erinnerte

Abb. 16 Stráže: die Fundstelle befand sich im Bereich der modernen »Aufschüttung«.

Abb. 17 Blick auf die Ziegelbrennerei; am rechten Rand der Trocknungsschuppen.

Abb. 18 Stráže Grab III während der Ausgrabung.

er sich: »Als ich aus dem Gefängnis entlassen worden war, vergaß ich nicht das Geheimnis des Fürstengrabes II aus Stráže in Krakovany. Nach unermüdlichem Suchen in den Weilern von Myjava und der Stadt Zvolen konnte ich ein einmaliges Set von Silbergefäßen sicherstellen, die aus dem Grab gestohlen worden waren. Auf diese Weise erfüllte ich meinen im Gefängnis gefassten Entschluss«. Dennoch glaubte er, dass »noch weiter wertvolle Gefäße und andere kostbare Gegenstände vorhanden waren«, die verschollen blieben. Dies wird durch eine Griffplatte der großen Lanx bestätigt (**Abb. 41**), die sich in einer amerikanischen Privatsammlung befindet – sie wurde 1996 bei Sotherby's in New York versteigert. Die politischen Veränderungen des Jahres 1989 bedingten eben auch die »Ausfuhr« archäologischer Funde und deren Verkauf auf dem internationalen Kunstmarkt.

Das dritte Grab von Stráže wurde im Herbst 1940 entdeckt. Lothar Zotz führte eine Grabung durch, in der Hoffnung, auf ein drittes Prunkgrab zu treffen. Er konnte dabei aber »nur« ein Brandgrab dokumentieren, dessen Urne jedoch ein römisches Bronzegefäß war (**Abb. 18**).

Die Datierung der Gräber

Die genaue Datierung der Gräber soll hier vorab zusammengefasst werden. Relativchronologisch hat Kazimierz Godłowski u.a. anhand der Haßleben-Leuna-Gräber seine Stufe C2 umschrieben. Dieser Stufe wies er auch die Gräber aus Zakrzów zu. Die Gräber aus Stráže bezeichnete er – Titus Kolník folgend – aufgrund der Fibeln mit hohem Nadelhalter und oberer Sehne sowie der Sporen als etwas älter und stellte sie an das Ende der Stufe C1 (C1b). Eine etwas jüngere Datierung für die slowakischen Prunkgräber schlug Eduard Krekovič vor. Er verknüpfte die Importe aus Stráže mit den barbarischen Einfällen in Pannonien (259/60) und datierte die Gräber in die 60er- oder 70er-Jahre des 3. Jahrhunderts. Die rein archäologische Einordnung liefert aber methodisch unbedenklichere Ergebnisse als die Verknüpfung mit Schriftquellen.

Für die absolute Datierung liegen mehrere münzführende Inventare der Stufe C 2 vor (**Abb. 19**), die die seit Langem vertretene Einordnung in die Zeit ca. 250/60 bis 300 bestätigen. Dazu passt sehr gut der Aureus aus Zakrzów Grab III, eine Prägung des Claudius II. Gothicus (268-270) (**Abb. 20**).

Die Stufe C1b hingegen ist nur durch wenige Münzen mit absoluten Daten zu versehen. Ein erst vor wenigen Jahren publizierter Befund aus Siedenbollentin (Lkr. Demmin) in Mecklenburg-Vorpommern enthielt drei Denare: Lucilla, geprägt zwischen 162 und 167, Marcus Aurelius, geprägt 173, sowie Caracalla, geprägt 203. Diese Münze liefert den *terminus post quem*. Trotz der Spannbreite der Prägungen wird von Seiten der Numismatiker darauf hingewiesen, dass mit einem zeitgleichen Umlauf zu rechnen ist. Letztlich bestätigt aber auch dieses Grab nur die Datierung der Stufe C1b in die erste Hälfte des 3. Jahrhunderts. Dies wird durch mehrere Westerndorfer und Rheinzaberner Sigillaten abgesichert, die sich in C1b-zeitlichen Bestattungen fanden, darunter auch der Teller der Form Dragendorff 32 aus der Töpferei des »REGVLINVS« aus Stráže Grab II (**Abb. 21**). Stráže liegt spät in diesem Abschnitt, so dass man eine Grablegung in den Jahren 230/40 bis 250/60 annehmen kann. Nichts in den Gräbern aus Stráže weist zwingend in die Stufe C2.

Abb. 20 Der Aureus des Claudius II. Gothicus (268-270) aus Zakrzów Grab III.

Abb. 21 Stráže Grab II: Terra Sigillata-Teller aus der Töpferei des »REGVLINVS« in Rheinzabern.

	220	240	260	280	
Gommern					Severus Alexander (222-235)
Emersleben 1					Severus Alexander (222-235)
Frienstedt					Philippus Arabs (244-249)
Ostrovany					Herennia Etruscilla (248-251)
Pyrzyce					Volusianus (251-253)
					Gallienus (253-268)
Plotiště 334					Gallienus (253-268)
Flurstedt					Gallienus (253-268)
Haßleben 8					Gallienus (253-268)
Rebenstorf					Gallienus (253-268)
					Postumus (260-269)
Emersleben 2					Postumus (260-269)
Krottdorf					Postumus (260-269)
Haßleben 4					Victorinus 269-271
Haßleben 20					Cornelius Laelianus (269)
Zakrzów III					Claudius Gothicus (268-270)
Leuna 2/1917					Tetricus (271-274)
Varpelev Körpergrab a					Probus (276-282)
Haßleben 21					Probus (276-282)

Abb. 19 Münzdatierte Gräber der Stufe C 2. Die schwarzen Balken geben die Regierungszeiten der Kaiser an, die grauen Hervorhebungen die Prägejahre der Münzen.

Die Bestatteten

Nur wenige Skelettreste haben sich aus Zakrzów und Stráže erhalten. In Zakrzów waren sicherlich die geologischen Bedingungen dafür verantwortlich. Aus Grab I wurde überhaupt kein Hinweis auf den Bestatteten entdeckt, aus Grab II lag lediglich die »Schmelzkappe eines Backenzahnes« vor, der aufgrund der Abnutzung einem älteren Mann zugeschrieben wurde. Grab III enthielt den »Backenzahn eines jugendlichen, vermutlich weiblichen Wesens«. Beide Zähne sind leider nicht mehr erhalten. Berücksichtigt man, dass eine Geschlechtsbestimmung an Zähnen kaum möglich ist, so kann doch immerhin festgehalten werden, dass in Grab II eine erwachsene und in Grab III eine jugendliche Person (kein Milchzahn) beigesetzt worden war.

Die Skeletterhaltung in Stráže war deutlich besser. Aus Grab I wurde allerdings nur ein Schädel geborgen, den man einer etwa 20-jährigen Frau zuwies. Angeblich lagen in diesem Grab die Reste zweier Skelette, doch ist diese Aussage durch nichts abgesichert, und man kann sich kaum vorstellen, wie bei der tumultuarischen Bergung derartige Beobachtungen überhaupt erfolgt sein sollen. Eine erneute Untersuchung durch T. Uldin (Osteo-Archäologie Service, Aesch, CH) hat allerdings ergeben, dass es sich um »ein juveniles Individuum (15-20 Jahre) handelt, dessen skelettmorphologische Geschlechtsmerkmale noch nicht ausgebildet sind«.

Aus Grab II wurden auch die Reste des postkranialen Skelettes geborgen. Sie gelangten anscheinend zusammen mit dem Leichenbrand aus Grab III in das Nationalmuseum nach Prag zur Bestimmung (und sind heute nicht mehr auffindbar). Demnach war in Grab II ein 20-30-jähriger Mann bestattet, und in Grab III eine 40-60-jährige Person, »sehr wahrscheinlich eine Frau«. In Stráže deckt sich die anthropologische Geschlechtsbestimmung mit der archäologischen, denn beide Individuen in den Körpergräbern waren mit Sporen ausgestattet, die nur in Männergräbern auftreten. Ein Nadeldöschen aus einem Vogelknochen aus Grab III deutet eher auf eine Frau hin.

Etwas schwieriger ist die archäologische Geschlechtsbestimmung für die Bestattungen aus Zakrzów. Fibelpaare aus Grab II und III weisen eher auf weibliche Individuen hin – ein Eindruck, der durch das Collier aus Grab II unterstrichen wird. Grab I und Grab III enthalten allerdings mit je einem goldenen Hals- und Armring typisch männliche Beigaben. Die Tatsache, dass beide Bestattungen mehrere Gürtel enthielten, unterstreicht dies. Die geringe Größe des Hals- und Armringes aus Grab III zeigt dabei, dass es sich um ein Kind oder einen Jugendlichen (wohl unter zehn Jahre) gehandelt haben muss. Archäologisch sind die Bestatteten also ein Mann (Grab I), eine Frau (Grab II) und ein männliches Kind (Grab III).

Versucht man, die in Stráže und Zakrzów Bestatteten noch mit in den Schriftquellen überlieferten Stämmen in Verbindung zu bringen, so wird man für den slowakischen Fundort die Quaden nennen, für den polnischen die Vandalen.

Bestattungsritus und Grabbau

Die jüngerkaiserzeitlichen Prunkgräber weichen deutlich von der Masse der zeitgleichen Bestattungen ab. Die normale Bevölkerung verbrannte die Toten und setzte sie in manchen Gebieten in Urnen bei, in anderen wurde der Leichenbrand in eine Grube gefüllt. Es gibt Plätze mit mehreren hundert Bestattungen, die über hunderte von Jahren genutzt wurden. Abweichend davon sind die Toten in den Prunkgräbern unverbrannt beigesetzt und zwar in großen Kammern, deren Maße in einigen Fällen 10 m² überschreiten konnte. Dazu wurde eine rechteckige Grube in den Boden eingetieft und darin wurde eine Kammer aus Holzbohlen, oder aus Trockenmauerwerk errichtet. Die Tiefe dieser Grabkammern ist aufgrund der zumeist unsachgemäßen Entdeckung nicht zu rekonstruieren, doch ist die Ausdehnung häufig noch gut zu erkennen.

Üblicherweise waren die Toten in Holzkammern beigesetzt worden, die beispielsweise in Gommern (Kr. Burg, D) von einer mächtigen, mehreren Zenter schweren Steinpackung umgeben war, die als Schutz vor Grabräubern diente. In einigen Fällen haben sich aufgrund der geologischen Besonderheiten der jeweiligen Fundstellen Holzreste erhalten, die wichtige Hinweise zu den Zimmermannstechniken geben. In Pielgrzymowo bestand die 1,96 x 2,84 m große Kammer aus runden Eichenhölzern, die an den Ecken wie bei einem Blockbau miteinander verkämmt waren.

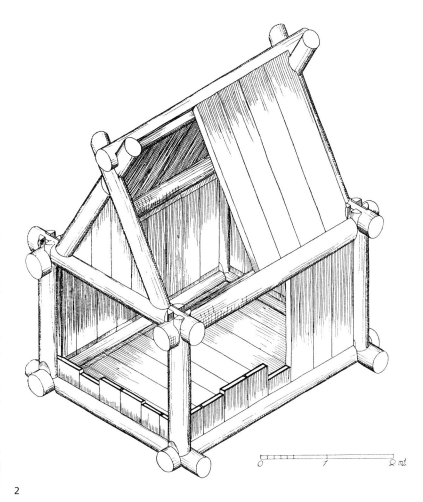

Abb. 22 Pielgrzymowo. 1 Holzgrabkammer während der Ausgrabung. – 2 Rekonstruktion als »Totenhaus«.

Abb. 23 Poprad: die Grabkammer während der Ausgrabung.

Vier eingezapfte Rundhölzer bildeten die Eckständer. Als Wände und Boden waren Nadelholzbohlen in eine Nut eingelassen (**Abb. 22**). Anscheinend ähnlich konstruiert ist die bislang nur aus Vorberichten, aber weitgehend vollständig erhaltene Kammer aus Poprad (Prešovský kraj, SK). Das Grab wurde erst zu Beginn des 5. Jahrhunderts angelegt, so dass sich hier eine gewisse Kontinuität im Holzkammerbau andeutet (**Abb. 23**).

Für die Gräber aus Stráže liegen dagegen nur relativ wenige Angaben vor. Grab I war »von Süd nach Nord angelegt«, 3,6 m tief und 3,5 m lang, Grab II mit 4,5 m noch tiefer und mit 4 m noch länger. Ausdrücklich werden die abgerundeten Ecken erwähnt. Einbauten wurden bei der tumultuarischen Bergung natürlich nicht erkannt – doch fällt bei den Fundnotizen auf, dass vom »Absturz der ganzen Anlage«, nachdem es von den Ziegelarbeitern »untergraben« worden war (Grab I), berichtet wird und »das Grab den Ziegelarbeitern fast auf den Kopf fiel«. Für Grab II ist erwähnt, dass »das Innere des Grabes vom umgebenden Lehm durch seine bunte Farbe auffallend absticht«. Der anstehende Lehm scheint also bei beiden Gräbern fest gewesen zu sein – ein Einbau war eventuell gar nicht nötig, um eine Kammer zu schaffen. Vielleicht hatte sich bei Grab I sogar noch ein Hohlraum erhalten.

Abweichend dazu war Grab III ein Brandgrab (**Abb. 18**). Der Leichenbrand und die Reste der verbrannten Beigaben waren in einem römischen Importgefäß, einem Hemmoorer Eimer (Form Eggers 58), beigesetzt worden. Dieses Gefäß war anscheinend nicht mehr in seiner eigentlichen Funktion zu nutzen gewesen, denn beide Henkelattaschen waren sorgfältig abgearbeitet – vermutlich aufgrund einer Beschädigung.

Die Grabkammern von Zakrzów (**Abb. 24**) sind besser dokumentiert: nicht, weil sie sorgfältiger untersucht wurden, sondern vor allem, weil ihre Wände aus Trockenmauern errichtet wurden. Es könnte sich zwar auf den ersten Blick auch um die Reste einer Steinpackung handeln, doch widerspricht einer solchen Vermutung zum einen das weitgehende Fehlen von Steinen im Kammerinneren und zum anderen die eindeutige Beschreibung Gremplers: »Steine verschiedener Größe waren zu einer Mauer zusammengefügt. Jede Spur von Mörtel fehlte; dagegen waren die Lücken zwischen den größeren (in maxim. 0,50 m Durchm.) übereinander liegenden Steinen durch dazwischen geklemmte kleinere ausgefüllt. Diese Trockenmauer, deren Herstellung in Anbetracht des großen Reichtums der Gegend an nordischen Geschieben nicht als sehr schwierig erachtet werden kann, besaß eine Stärke von 1 m und eine Höhe von 1,75 m. Der durch die Mauer abgegrenzte Raum war 6,24 m tief und 4,9 m breit«. D.h. der Innenraum der Kammer muss also ungefähr 4,24 m x 2,9 m, also gut 12,3 m² groß gewesen sein. Mit einem hölzernen Einbau ist nicht zu rechnen, denn aufgrund des hohen Grundwasserspiegels wäre sonst mit der Erhaltung von Bodenbohlen zu rechnen – kleine fragile Holzgefäße waren schließlich auch konserviert.

Als Steinkammer stehen die Zakrzówer Befunde vollkommen einzeln dar, denn die Steinbauweise war im Barbaricum überhaupt nicht üblich. Zwar finden sich immer wieder Steinpackungen oder Steinkreise, doch Mauern wurden bislang nicht beobachtet. Natürlich stellt sich die Frage, warum in Zakrzów derartige Kammern errichtet wurden. Woher kamen die Anregungen?

Steinerne Grabkammern sind in einiger Anzahl aus dem norisch-pannonischen Raum bekannt. Aus den dortigen römerzeitlichen Hügelgräbern kennt man unterschiedliche Einbauten, u.a. Kammern aus dicken Mauern, z.T. auch mit leicht einziehendem Dromos. Diese Kammern

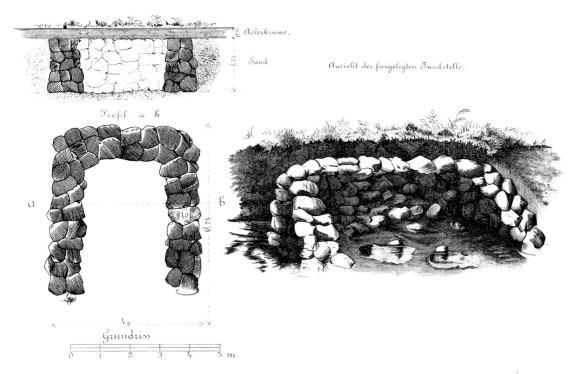

Abb. 24 Zakrzów Grab I: Dokumentation der Grabkammer durch W. Grempler.

weisen aber im Gegensatz zu den Zakrzówer zumeist ein Tonnengewölbe als Dach auf, und die Mauern sind zumeist gemörtelt. Wenngleich der größte Teil dieser Anlagen ins erste und zweite Jahrhundert gehört, sind doch auch Belege aus dem 3. Jahrhundert bekannt. Ob die Anregungen für die Zakrzówer Kammern aus dem norisch-pannonischen Raum kamen, ist derzeit nicht sicher zu belegen, doch ist diese Möglichkeit zumindest in Erwägung zu ziehen.

Für die Gräber II und III werden vergleichbare Steinkammern beschrieben; allerdings ist die Größe der jeweiligen Befunde nicht erwähnt. Grempler hat zwar einen Plan der drei Bestattungen anfertigen lassen (**Abb. 15**) und dort auch Maße angegeben, doch ist dort das Grab I nur mit einer Fläche von 2 x 3 m eingetragen. Der ein Jahr zuvor erfolgten Publikation des ersten Grabes zufolge war aber selbst der Innenraum deutlich größer. Selbst wenn man davon ausgeht, dass nur die Innenmaße der drei Kammern genannt sind, ist die Skizze sehr wahrscheinlich fehlerhaft, denn die Zwischenräume zwischen zwei Kammern sind jeweils mit 3 m angegeben. Bei einer Mauerstärke von 1 m bliebe ein Zwischenraum von gerade mal 1 m. Doch egal, wie exakt die Skizze ist, sie dürfte auf jeden Fall den Eindruck vermitteln, dass die Gräber auf einer insgesamt kleinen Fläche lagen. Eine Überhügelung jedes einzelnen ist nicht vorstellbar. Dennoch ist damit zu rechnen, dass zumindest der Aushub – bei Grab I immerhin mindestens 53 m³ (6,24 x 4,9 x 1,75 m) – für eine oberirdische Kennzeichnung genutzt wurde. Ob dabei nach und nach ein großer Hügel über allen drei Bestattungen entstand, oder ob die drei Gräber vielleicht gleichzeitig angelegt und überhügelt wurden, lässt sich nicht mehr klären.

Die Gräber von Zakrzów wurden in der Nähe eines kleinen Fließgewässers – der Dobra (ehemals Elsbach oder Juliusburger Wasser) angelegt, allerdings nicht an höchster Stelle, wie das von anderen zeitgleichen Prunkgräbern bekannt ist, die in prominenter Lage in der Landschaft errichtet wurden. Eine solche prominente Lage könnte für die Wahl des Platzes in Stráže ausschlaggebend gewesen sein. Die Gräber wurden auf einer Terrasse des Flusstales des Dudváh angelegt, und zwar an einer Stelle, an der das Tal des Baches Holeška aus dem Inowetz-Gebirge kommend ins Dudváh-Tal tritt.

Luxus aus dem Römischen Reich

Zu den auffälligsten Funden in den germanischen Prunkgräbern zählen die Objekte, die im Römischen Reich gefertigt wurden. Sie sind nicht nur ein Charakteristikum dieser Bestattungen, sondern seit jeher Ausgangspunkt wissenschaftlicher Diskussionen. Handelt es sich um Importe, also Zeugnisse eines römisch-germanischen Handels, um Beute erfolgreicher Plünderungszüge oder um diplomatische Geschenke? Wurden diese Objekte im Barbaricum genauso genutzt wie im Römischen Reich, sind Imitationen nachzuweisen?

Die Kenntnis römisch-germanischen Austausches wurde in den letzten Jahren durch wichtige archäologische Neufunde enorm erweitert. Tierknochenfunde aus germanischen Siedlungen haben gezeigt, dass auch die höher gezüchteten römischen Nutztiere begehrt waren – allerdings wohl nur als Fleischlieferanten, denn erfolgreicher Zuchteinsatz ist im Barbaricum nicht nachweisbar. Bedeutender waren entführte Provinzbewohner, von denen Handwerker sicher zu einem Technologietransfer beitrugen, wie beispielsweise die »römischen« Töpferöfen im thüringischen Haarhausen verdeutlichen. Im materiellen Bereich konnten anscheinend exquisite Materialien »verhandelt« werden, die sich nur durch moderne Untersuchungen und günstige Erhaltungsbedingungen zu erkennen geben. Ägyptisch Blau und Zinnober z.B. fanden bei der Bemalung des Schildes aus Gommern Verwendung.

Den Großteil der römischen Objekte bildeten aber zweifellos Metallgefäße und Münzen, die unverzichtbar für die Edelmetallversorgung waren. Hatte man lange Zeit geglaubt, die römischen Bronzegefäße seien an sich ein Luxusartikel, so haben zerschnittene, fürs Einschmelzen vorbereitete Bruchstücke gezeigt, dass Importe ihren festen Platz in der Rohmetallversorgung hatten. Der Holzeimer aus Zakrzów ist ebenfalls ein Beispiel für die Weiterverarbeitung von »Importen«; klar zu erkennen sind auf dem unteren Bronzereifen parallele »Drehrillen«, die zeigen, dass der Reif aus einem römischen Gefäß – vermutlich einem Becken – geschnitten wurde (Abb. 25).

Dennoch sind vollständige römische Metallgefäße in großer Zahl aus barbarischen Gräbern überliefert. Auffälligerweise ist nur ein begrenzter Typenvorrat verwendet worden (Abb. 26). Anscheinend repräsentierten die beigegebenen lokalen und fremden Gefäße bestimmte Bereiche des Lebens auch im Grab. Dabei konnten römische Produkte – beispielsweise Gläser –

Abb. 25 Unterer Bereich des Holzeimers aus Zakrzów Grab II. Die Pfeile deuten auf die Drehrillen.

	Zakrzów I	Zakrzów II	Zakrzów III	Stráže I	Stráže II
Kelle/Sieb	• E 161	--	--	• E 161	• E 161
Becken	• E 83 (im Vierfuß)	• E 78	• E 83	• E 108	• E 83 (Silber) • E 83 (im Dreifuß)
Eimer	• E 60 (Silber)	• Daubeneimer	• E 55- 63	• E 61	• E 55- 63 (+ 3 Daubeneimer)
Glasbecher	• E 240 • Fragmente • Fragmente	• E 229	• E 241	••••• E216 •• E 245	--
Sonstiges	• Vierfuß • Löffel (Silber)	• Bronzeschale	• Löffel (Silber) • Gürtel (Silber) • Aureus	• Löffel (Silber) • Sieblöffel (Silber)	• Dreifuß • Kasserolle E 155 •• Kanne E 127 + E 128 • Lanx (Silber) • Skyphos (Silber) • Tablett (Silber) • Napf (Silber) • Sieb (Silber) •• Griffe •• Löffel (Silber)

Abb. 26 Die Zusammensetzung der römischen Importe in den einzelnen Bestattungen von Stráže und Zakrzów (E = Typ nach Eggers).

Abb. 27 Typische Formen römischer Importe aus jüngerkaiserzeitlichen Prunkgräbern:
1-2 Kelle-Sieb-Kombination aus Zakrzów Grab I.
3 Steilwandiges Becken aus Zakrzów Grab III.
4 Hemmoorer Eimer aus Stráže Grab I.

einheimische Formen ersetzen und dementsprechend einen gewissen Luxus demonstrieren. Andere Gefäße bzw. Gefäßkombinationen legen die Übernahme fremder »Tischsitten« nahe. Das gilt für Mischgefäße, Kelle und Sieb, aber auch für Becken, die als Waschservice genutzt werden konnten. Alle diese fremden Luxuswaren werden im öffentlichen Bereich des Lebens verwendet.

»Alltäglicher« Luxus

Buntmetallgefäße müssen in enorm großer Zahl den Limes überquert haben. Sie finden sich in zahlreichen Bestattungen im Barbaricum. Dabei wurden bestimmte Typen bevorzugt, ja sogar regelhaft verwendet, andere spielten hingegen überhaupt keine Rolle. Im 3. Jahrhundert waren Kelle-Sieb-Kombinationen (Abb. 27, 1), Hemmoorer Eimer (Abb. 27, 3) und steilwandige Becken (Abb. 27, 2) vorherrschende Formen. Sie hatten bestimmte Funktionen, die auch im Grab repräsentiert werden sollten. Dass genau diese Funktionen entscheidend waren, zeigen die Normung und das Fehlen bestimmter Typen sowie die gelegentliche Nutzung von »Ersatz«. Ein Hemmoorer Eimer konnte anscheinend durch einen hölzernen Daubeneimer substituiert werden, wie z.B. in Zakrzów Grab II (Abb. 26).

Eine Besonderheit im Bestand dieser »Standardformen« stellt der figürlich verzierte Boden eines Bronzebeckens in Zakrzów Grab I dar (Abb. 28). Eingraviert und eingepunzt ist eine Zirkusszene, Tierkämpfe zwischen Greif und Hirsch/Elch sowie zwischen Löwin/Panther und Hirsch-/Elchkuh. Mit Ausnahme des Greifen tragen die Tiere breite Bauchgurte. Vergleichbare Darstellungen finden sich auf einigen Hemmoorer Eimern, aber auch auf sog. Zirkusbechern, den bemalten Gläsern vom Typ Jesendorf (E 209). Vergleichbar verzierte Bronzebecken sind bislang unbekannt, doch sind die Böden zweier Exemplare aus den Depots von Burgau (Lkr. Günzburg, D) und Weißenburg in Bayern zwar mit abweichenden Szenen, aber in gleicher Technik verziert. Die Zugehörigkeit des verzierten Bodens zu einem Becken bedeutet, dass insgesamt zwei Becken

1

2

3

4

Patera (E 155) (**Abb. 29, 1**), eine Kanne (E 128) (**Abb. 29, 2**) und ein Krug (E 127) (**Abb. 29, 3**) überliefert – alles drei Formen, die in Prunkgräbern des 3. Jahrhunderts sonst unüblich sind. Gießgefäße wie Krüge waren aber im 1. und 2. Jahrhundert durchaus gängige »Funktionseinheiten« in älterkaiserzeitlichen Punkgräbern, und Bronzekasserollen mit Widderkopfgriff ebenfalls. Die »gallo-römischen Bronzekannen« fehlen hingegen in Prunkgräbern weitgehend. Lediglich Stráže und Cejkov bilden hier eine Ausnahme.

Abb. 28 Gravierter und punzverzierter Boden eines Bronzebeckens aus Zakrzów Grab I.

im Grab lagen, denn weitgehend vollständig erhalten ist das steilwandige Exemplar mit Pantherkopfattaschen. Es ist zu vermuten, dass das zweite Becken zum Einhängen in den Vierfuß diente.

Diese »Standardtypen« finden sich trotz der jeweiligen unsystematischen Fundgeschichte auch in den Bestattungen von Stráže und Zakrzów (**Abb. 26**). Aus Stráže sind zusätzlich noch eine

Abb. 29 Bronzegefäße aus Stráže Grab II. – 1 Kasserolle mit Widderkopfgriff. – 2 Bronzekanne mit Kleeblattmündung. – 3 »Gallorömische« Bronzekanne.

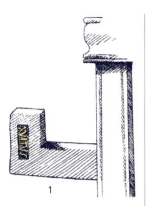

Abb. 30   1 Rekonstruktion des Klapptisches aus Gommern. – 2 Detail der Büsten mit den Stiften zur Auflage der Tischplatte.

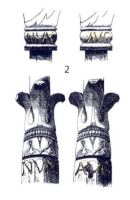

Abb. 32   Zakrzów Grab I, Vierfuß.
1 Herstellerstempel »AVITVS«.
2 Inschriften »NVM AVG« auf den vorderen Beinen.

Abb. 33   Kaiser Marcus Aurelius beim Opfer an einem Klappaltar. Marmorrelief.

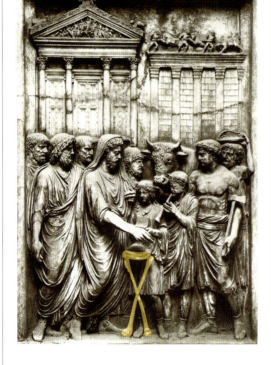

Exklusiver Luxus

Zu den wirklich exklusiven Beigaben in germanischen Prunkgräbern zählen im 3. Jahrhundert Silbergefäße sowie »Drei- und Vierfüße«. Bei Letzteren handelt es sich um Klappgestelle, deren drei oder vier Beine mit scherenartigen beweglichen Stäben verbunden sind. Dadurch konnten sie für den Transport zusammengeschoben werden. Jerzy Kolendo hat bei der Untersuchung des Zakrzówer Exemplars aufgezeigt, dass es Unterschiede im funktionalen Bereich gegeben hat. Am oberen Enden der Beine befinden sich entweder starke Haken zum Einhängen eines Beckens oder starke »Stifte« zum Auflegen einer Tischplatte. Während aus Gommern (**Abb. 30**) ein Tischgestell vorliegt, dienten die Exemplare aus Stráže (**Abb. 31, 2**), Zakrzów (**Abb. 31, 1**) und Ostrovany nach Kolendo als Klappaltar. Er argumentiert dabei u.a. mit den Inschriften des Zakrzówer Vierfußes, auf dem sich neben einem Herstellerstempel (»AVITVS«) zweimal auf der Frontseite »NVM AVG« findet, die als »NVMINI AVGVSTI« aufzulösen sind und somit mit dem Kaiserkult in Verbindung stehen (**Abb. 32**). Den opfernden Kaiser vor Klappaltären zeigen auch einige Bilddenkmäler (**Abb. 33**). Die plastischen Bacchusbüsten und Panther auf dem Zakrzówer Gestell deuten auf Weinopfer. Kolendo kann seine Überlegungen durch Schriftquellen stützen, die über Vertragsabschlüsse zwischen dem römischen Kaiser und dem Stamm der Baquates im Süden der Provinz Mauretania Tingitana berichten. Dort wurde im Rahmen von Friedensabschlüssen vom Statthalter (*procurator, procurator pro legato* oder *praeses*) der Provinz und dem lokalen Machthaber Altäre – allerdings aus Stein – errichtet. Diese Denkmäler zeugen davon, dass auf die entsprechende Umrahmung dieser Zeremonien wie auch auf die Verewigung des Frie-

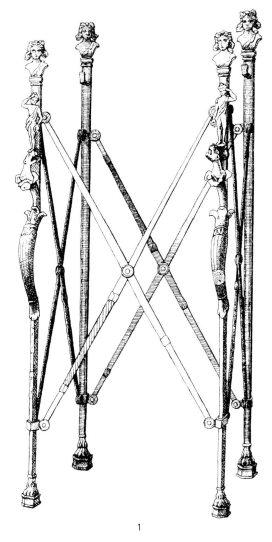 

Abb. 31 1 Vierfuß aus Zakrzów Grab I. – 2 Dreifuß aus Stráže Grab II.

dens selbst großer Wert gelegt wurde. Jerzy Kolendo stellt die Klappaltäre aus den barbarischen Prunkgräbern in den gleichen Kontext. In gewisser Weise wären sie dann ähnlich zu bewerten wie die Kaiserfibeln und Medaillons, nämlich als Zeugnisse römisch- barbarischer Vertragsabschlüsse auf hoher Ebene. Als Gegenstände, deren »Erwerb« oft mit wichtigen Ereignissen verbunden war, konnten sie durch ihren langen Gebrauch als Erinnerungspunkte dienen – ein Aspekt hoher Bedeutung in schriftlosen Kulturen. Dieser hohe ideelle Wert drückt sich auch darin aus, dass die Klappgestelle trotz ihres Gewichtes von 13,55 kg (Zakrzów) und 6,554 kg (Stráže) nicht als Rohmateriallieferanten genutzt wurden.

Auffällig ist bei den Klappaltären von Stráže und Zakrzów (und auch bei dem Exemplar aus Ostrovany), dass sie zur Zeit der Niederlegung im Grab bereits über 50 Jahre alt gewesen sein sollen, denn nach gängiger Chronologie werden sie ins 2. Jahrhundert eingeordnet. Ob wirklich alle drei genannten Exemplare aus den Prunkgräbern des 3. Jahrhunderts ungefähr gleich alte »Altstücke« waren, oder ob auch innerhalb des Römischen Reiches eine längere Chronologie zugrunde gelegt werden muss, kann hier nicht geklärt werden.

Denkmäler herausragender Bedeutung waren zweifellos auch die unterschiedlichen Silbergefäße. Auch wenn aus Zakrzów »nur« ein Hemmoorer Eimer aus diesem Material vorliegt (**Abb. 34, 2**), lässt bereits eine kurze Zusammenstellung erkennen, dass silberne Ausführungen dieser Gefäßform sehr selten sind (**Abb. 34, 1**). Üblicherweise waren sie aus Bronze. Im Barbaricum war noch das Grab von Gommern mit einem silbernen Hemmoorer Eimer ausgestattet. Sonst sind nur wenige Exemplare aus Depotfunden innerhalb des Römischen Reiches bekannt: aus Trier, Vienne (dép. Isère, F), Chaourse bei Montcornet (dép. Aisne, F) (2 Exemplare), Buding (dép. Moselle, F) und Revel-Tourdan (dép. Isère, F).

Weit auffälliger sind allerdings die mindestens acht Silbergefäße aus Stráže Grab II, die sich grob in zwei Gruppen gliedern lassen. Es gibt relativ schlichte Formen und kunstvoll verzierte, die sicherlich auch im Römischen Reich zu den

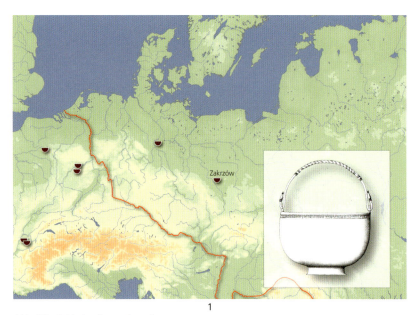
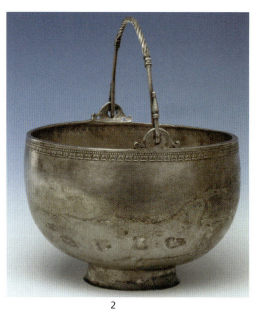

Abb. 34 1 Verbreitung der silbernen Hemmoorer Eimer. 2 Zakrzów Grab I, silberner Hemmoorer Eimer.

Abb. 35 1 Kleines silbernes Schälchen (Acetabulum) aus Stráže Grab II und Vergleichsfunde aus (2) Haßleben Grab 8 und aus (3) dem Schatzfund von Graincourt-lès-Havrincourt..

Abb. 36 Großes, schweres Silberbecken aus Stráže Grab II.

handwerklich herausragenden Objekten zählten. Zur ersten Gruppe gehört ein kleines Trink- oder Saucenschälchen (**Abb. 35, 1**), zu dem Vergleiche aus einigen Schatzfunden des 3. Jahrhunderts bekannt sind, beispielsweise aus Graincourt-lès-Havrincourt (dép. Pas-de-Calais, F) (**Abb. 35, 3**), Vienne (dép. Isère, F), Xanten, Niederbieber, Manching und Enns, aber auch aus der »Alamannenbeute« aus dem Rhein bei Neupotz und einem Grab aus Budapest. Ein vergleichbares Bronzeschälchen mit silberplattierter Innenseite ist aus dem Grab der »Haßlebener Fürstin« bekannt (**Abb. 35, 2**). Regelrecht protzig wirkt das steilwandige Hängebecken aus Stráže Grab II mit einem Gewicht von 3,758kg! (**Abb. 36**). Vergleichbare Becken wurden normalerweise aus Bronze gefertigt.

Die Gefäße der zweiten Gruppe sind in ihrer hohen Qualität so auffällig, dass sie bei ihrer Entdeckung sofort unterschlagen wurden und erst in den 1950er-Jahren für öffentliche Sammlungen erworben werden konnten. Alle dieser Gefäße weisen gestempelte oder punzierte Inschriften am Boden auf, die Gewichte und/oder Besitzernamen nennen. Ein ovales Tablett (**Abb. 37, 1**) ist wichtig, da es zeigt, dass diese später sichergestellten Funde auch wirklich in das zweite Prunkgrab von Stráže gehören. Beide Griffe waren während der Lagerung im Boden abgefallen. Einer davon gelangte vollständig mit den anderen Funden des Grabes ins Museum, vom zweiten nur ein kleiner Teil. Beide können einwandfrei an das Tablett angepasst werden, denn es haben sich geringe Lotreste erhalten.

Auch eine Griffplatte des Skyphos kam ins Museum. Sie ist mit einem geflügelten Amor verziert. Der zugehörige Becher (**Abb. 37, 2**) verblieb zunächst in Privatbesitz. Er weist rei-

Abb. 37 Silbergefäße aus Stráže Grab II (außer 1 teilweise vergoldet). – 1 Ovales Tablett. – 2 Skyphos mit Griffplatte. – 3 Reliefierte Schale. – 4-5 Griffpaar eines weiteren Gefäßes. – Die Griffe des ovalen Tablettes (1) und des Skyphos (2) befinden sich im Balneologické Múzeum Piešt'any, das ovale Tablett (1), der Skyphos (2) und die Griffe (4) im Hornonitrianske Múzeum Prievidza, die Schale (4) im Slovenské národné múzeum Bratislava (Archeologické múzeum).

chen Reliefschmuck auf. Die Masken der dionysischen Begleitung – Silen/Satyr und Mänade – sind an kleine Altäre gelehnt; dazwischen finden sich weitere bacchische Attribute. Skyphoi vergleichbarer Form wurden von Susanna Künzl als Typ Meroë zusammengefasst. Die Verbreitung der wenigen bekannten Exemplare reicht von Gallien bis nach Armenien und Azerbaidjan. Wo innerhalb des Römischen Reiches sie hergestellt wurden, ist bislang unklar.

Eine weitere Trinkschale oder ein Becher ist lediglich durch zwei teilvergoldete Henkel überliefert (**Abb. 37**, 4-5). Zur Gruppe der zunächst unterschlagenen Funde zählt auch eine tiefe Reliefschale mit zwei umlaufenden Friesen (**Abb. 37**, 3). Auf dem oberen sind vier Löwen (zwei einander zugewandte Paare) dargestellt, die durch bindengeschmückte Bukranien getrennt werden. Der untere Fries zeigt eine Meeresszene mit unterschiedlichen Seemischwesen. Im Inneren ist ein Amor mit einer Gans zu erkennen, allerdings nicht im Relief, sondern graviert und vergoldet. Reinhard Stupperich weist die Schale einer gallischen Werkstatt der zweiten Hälfte des 2. Jahrhunderts zu.

Den wertvollsten Fund aus Stráže Grab II stellt aber eine große Silberplatte, eine großformatige *lanx rotunda*, dar (**Abb. 38**). Nicht nur der Durchmesser von 45,7 cm und das Gewicht von 3,402 kg sind beeindruckend – die künstlerische Ausführung des gravierten Mittelmedaillons und des reliefierten Randfrieses sind von höchster Qualität. Letzterer besteht aus zehn bzw. zwölf »Szenen«, die durch unterschiedliche Architekturdarstellungen, Hermen oder auch Bäume voneinander getrennt sind. Bei der Interpretation der dargestellten Ereignisse gab es unterschiedliche »Leserichtungen«. Während Ján Dekan ausgehend von einer Schlüsselszene entgegen dem Uhrzeigersinn vorging, folgte Claudia Wölfel von einer anderen Schlüsselszene ausgehend dem Uhrzeigersinn. Beide teilten den Randfries

Abb. 38 Lanx aus Stráže Grab II; Silber, teilweise vergoldet. – Hornonitrianske Múzeum Prievidza.

in zwölf Abschnitte. Einen anderen Vorschlag legt Erika Simon vor, nachdem eine der beiden Griffplatten wiederentdeckt worden war. Sie sah dadurch den Fries in einen oberen und einen unteren Bogen geteilt und ging bei ihrer Deutung von zehn »Bildern« aus. Weitgehend Einigkeit besteht über die dargestellten Ereignisse. Es handelt sich um die Vertreibung des letzten tarquinischen Königs Tarquinius Superbus und die Gründung der Römischen Republik. Während aber bislang Brutus, der erste Konsul, als »Hauptperson« gesehen wurde, erkennt Simon die fünf Konsuln des ersten Jahres der Republik 509/08 insgesamt (Brutus, Collatinus, Poplicola, Lucretius, Horatius) und sieht »die römische Revolution auf der Lanx als Gemeinschaftsleistung dargestellt«. Neben den Schilderungen der Ereignisse durch Livius bezieht sie Plutarchs Vita des Valerius Poplicola mit ein. Die kurzen Beschreibungen der einzelnen Darstellungen und des Mittelmedaillons folgen Simon, und zwar in den von ihr publizierten »Leserichtungen« (obe-

Abb. 39 Details der zehn »Szenen« des Randfrieses der Lanx.
1 Selbstmord der Lucretia.
2 Krieg der Tarquinier gegen Ardea.
3 Tarqunius' Söhne und Brutus beim Orakel von Delphi.
4 Hinrichtung der Söhne des Brutus, die die Tarquinier begünstigt hatten.
5 Amtsverzicht und Abschied Collatinus' aus Rom.

rer Bogen – unterer Bogen), auch wenn dies der Chronologie der dargestellten Geschehnisse nicht immer entspricht (**Abb. 39-40**).
Nicht unmittelbar zu den Darstellungen passt diejenige der Griffplatte, die sich heute in einer amerikanischen Privatsammlung befindet (**Abb. 41**). Auf ihr ist eine Szene aus dem Raub der Sabinerinnen zu erkennen, also aus der Zeit der Gründung Roms. Zu sehen sind die Sabinerinnen, die sich mit ihren Kindern zwischen das sa-

binische und das römische Heer stellen und somit erfolgreich den Krieg verhindern. Beide Reiche verschmolzen daraufhin unter der Doppelherrschaft von Romulus und Titus Tatius.
Vielleicht ist diese Griffplatte nicht das einzige Zeugnis eines Silbergefäßes aus Stráže, das sich im Ausland befindet. 2008 wurde im New Yorker Kunsthandel eine Silberplatte mit reliefiertem Randfries angeboten (Durchmesser 37,5 cm), die in den 1930er-Jahren für eine Privat-

Abb. 39 Details der zehn »Szenen« des Randfrieses der Lanx (Fortsetzung).
6 Plünderung des tarquinischen Eigentums.
7 Schlacht nördlich Rom. gegen die aus der Stadt verbannten Tarquinier.
8 Tod des Konsul Lucretius.
9 Mord an Sextus Tarquinius.
10 Triumphzug.

6

7

8

9

10

sammlung erworben wurde. Titus Kolník hält es für möglich, dass auch dieser Teller aus Stráže stammt, doch wird das kaum sicher zu beweisen sein.

Es ist wahrscheinlich, dass die szenischen Bilder auf der Lanx von ihrem letzten Besitzer kaum in ihrer Bedeutung verstanden wurden oder bekannt waren. Die Kampfdarstellungen ließen sich aber sicher mit eigenen »Erlebnissen« oder »Heldentaten« ausschmücken. Genau wie die Drei- und Vierfüße wird daher auch das Silbergeschirr – und hier speziell die Lanx – seinen besonderen Platz als »Erinnerungspunkt« in der oralen Gesellschaft gehabt haben und dadurch über den reinen Materialwert hinaus von hoher Bedeutung für den Besitzer gewesen sein.

Abb. 40 Das Mittelmedaillon der Lanx: Schwur Brutus' (im Panzer) und Poplicolas unter dem Feigenbaum auf dem Forum Romanum.

Auffällig ist, dass die exklusiven Objekte oftmals bereits zur Zeit der Grablegung ein hohes Alter aufwiesen – zum Teil über 100 Jahre. Ob sie so lange schon im Besitz der jeweiligen Gruppen im Barbaricum waren oder erst bei der Plünderung römischer Heiligtümer »erworben« wurden, in denen derartige »alte Dinge« den Reichtum der Tempelschätze ausmachten, ist kaum zu klären, und sicher wird auch nicht allen Stücken eine monokausale Erklärung gerecht.

Abb. 41 Eine der Griffplatten der Lanx mit der Darstellung einer Szene aus dem »Raub der Sabinerinnen«. Die Griffenden sind als Gänseköpfe (»Kapitolinische Gänse«) gearbeitet. Privatbesitz; Malcolm Wiener Collection, USA; das Foto zeigt eine Kopie des Slovenské národné múzeum Bratislava (Archeologické múzeum)

Zerbrechlicher Luxus: Glasgefäße und Terra Sigillata

Neben Metallgefäßen treten in barbarischen Prunkgräbern auch häufig Gläser auf. Zumeist handelt es sich um ein einzeln beigegebenes Trinkgefäß, doch sind mitunter auch regelrechte Sets überliefert. Es ist auffällig, dass aus Stráže Grab II keine Gläser überliefert sind (**Abb. 26**). Es kann nur vermutet werden, dass sie bei der Entdeckung übersehen oder aufgrund der Zerscherbung nicht geborgen wurden. Aus Stráže Grab I hingegen sind fünf Trinkschalen aus nahezu farblosem, grünlichen Glas mit eingeschliffenem Dekor überliefert, dazu zwei zweihenkelige, allerdings unverzierte Glasflaschen gleicher Farbgebung (**Abb. 42**). Die Schalen gehören zu einem im Barbaricum weit verbreiteten Typ (E 216), dessen Vorkommen von Himlingøje (Seeland) und Haagerup (Fünen) in Dänemark bis nach Stráže und Ostrovany in der Slowakei streut. Er ist aber auch häufig im Osten anzutreffen, wo er sich nicht nur im Bereich der Černjachov-Kultur findet. Aus dem Reichsgebiet lassen sich Nachweise aus Plovdiv/Philippopolis (BG), von der Agora in Athen (GR), aus Korinth (GR) und in großer Zahl auch aus dem syrischen Dura Europos nennen. Eine Werkstatt, die derartige Gläser fertigte, fand sich in Azov/Tanais (RUS) im Flussdelta des Don. Neben zahlreichen Scherben zählen ein Tiegel und eine Tonform zu den Funden (**Abb. 43**). Das heißt aber keinesfalls, die Schalen seien ausschließlich im Osten gefertigt worden, denn auch im Westen sind sie zahlreich. Die aus Köln überlieferten Exemplare wurden von Fritz Fremersdorf mit der dortigen »Werkstatt des Lynkeus-Bechers« in Verbindung gebracht.

Die Frage der Herkunft ist auch für die Gläser aus Zakrzów nicht sicher zu klären, denn für die dortigen Typen liegen ebenfalls Vergleiche aus dem gesamten Römischen Reich vor. In der Forschung wurde immer wieder diskutiert, ob eine Herkunft etwa aus Köln oder aus Alexandria, also aus dem Westen oder aus dem Osten, nachweisbar sei. Dies gilt besonders für die formgepressten bzw. über einen Kern abgesenkten Mosaik- und Millefiorigläser, von denen vier Exemplare aus den Zakrzówer Bestattungen bekannt sind. Es handelt sich fast um die einzigen Nachweise dieser farbenfrohen Gläser aus germanischen Prunkgräbern. Lange Zeit zählten die Zakrzówer Gläser daher zu den wenigen »festdatierten« Exemplaren, denn im Römischen Reich selbst schienen Nachweise für Millefiorigläser aus dem 3. (ja sogar 2.) Jahrhundert zu fehlen. Die Vorlage datierter Befunde v.a. aus Augst und Kaiseraugst und Dura Europos haben diese Vorstellungen aber korrigiert.

Abb. 42 Das »Glasservice« aus Stráže Grab I. – 1 Zwei große Flaschen. – 2 Fünf schliffverzierte Schalen.

1

2

Ganz rechts:
Abb. 43 Funde aus einer Werkstatt in Azov/Tanais, in der schliffverzierte Schalen gefertigt wurden. – 1 Tiegel. – 2 Tonform. – 3-4 Glasscherben.

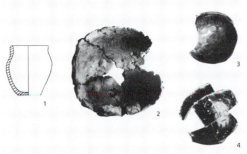

Abb. 44 Römische Gläser aus Zakrzów. – 1 Grab III. – 2 Grab II. – 3-5 Grab I. (1, 2 und 5 sind heute verschollen; 4 ist zu großen Teilen mit Gips ergänzt).

Aus Zakrzów Grab III stammt ein heute leider verschollenes, aber anscheinend zur Zeit der Bergung vollständig und unversehrt erhaltenes Schälchen (**Abb 44, 1**): »Der Grundton ist ein schönes dunkles Rot-Violett. Jedes der Blümchen zeigt einen ziegelroten, gelbgeränderten Kern, 6 grüne und ebenfalls gelb umränderte Blütenblättchen, und sodann noch einen äußeren Kranz von 10 ganz lichtrosaroten kleinen Blumenkronblättern«. So beschreibt Grempler die Farben des leider nur aus Schwarz-Weiß-Abbildungen (eine davon nachträglich koloriert) bekannten Glases.

Die beiden Millefiorischalen aus Grab I waren hingegen blau bis grün. Die erste konnte trotz starker Zerscherbung rekonstruiert werden und wies einen Durchmesser von gut 30 cm auf (**Abb. 44, 4**). Die verwendeten Glasstäbe bestehen aus einem mattgelben Kern, der mit blauem nahezu opakem Glas überfangen ist. Vom zweiten Millefiorigefäß des Grabes kannte Grempler nur einen Randscherben, bei dem aber »das Muster eher geflammt als punktiert erscheint. Auch überwiegt die grüne Farbe«. Auch die Wölbung spricht gegen eine Zugehörigkeit zur anderen Millefiorischale. In der Literatur wird ein vergleichbares Glas aus dem Brandgrab 175 von Wechmar (Lkr. Gotha, D) erwähnt, doch liegt davon bislang keine Abbildung vor.

Vollständig erhalten ist die Achat-Mosaikglasschale aus dunkelviolettem Glas (**Abb. 44, 3; 45, 2**). Die verwendeten Glasstäbe sind gelb-weiß-violett. Auf dem Rand sind umlaufende Rillen eingeschliffen. Die Optik der Schale lässt den Betrachter durchaus an geschliffenen Achat denken. Ähnliche Effekte wurden bei Gläsern aus Dura Europos erfolgreich erzielt – wenngleich bei anderen Glastypen. Gute Vergleiche liegen aber auch aus Köln vor. Es sind allerdings auch Gefäße aus Halbedelstein bekannt, die vereinzelt ins Barbaricum gelangten. So ist etwa aus Kleinjena, Stadt Naumburg (**Abb. 45, 1**) als Lesefund von einer Siedlung eine fast vollständige 5,1 cm hohe Achat-Amphore überliefert, und aus dem Leichbrandhäufchen 21 aus Nebra, Kr. Nebra, liegt ein kleiner Scherben eines Achat-Skyphos vor.

Zusätzlich zu den drei Mosaikgläsern enthielt Grab I drei weitere Glasgefäße, von denen aber nur eine kleine Flasche mit Fadenauflage vollständig ist (**Abb. 44, 5**); zwei weitere sind nicht rekonstruierbar. Eines davon besteht aus blauem Glas, das andere ist ein Überfangglas. Die gut 1,5 cm dicke Wandung bestand aus einer blauen und einer weißen Schicht. Auch dieses Glas war sicher ein exzeptionelles Stück, denn die Vergleichsbeispiele zeigen, dass bei derartigen Gläsern die unterschiedlichen Farbschichten durch Schliff zusätzlich betont bzw. ausgenutzt wurden. Die bekannten Exemplare sind allerdings etwas jünger als das aus Zakrzów Grab I.

Grab II aus Zakrzów enthielt einen purpurroten, dickwandigen Glasbecher mit eingeschliffenen Facetten (**Abb. 44, 2**). Derartige Becher sind – wenn auch häufig in Grün – mehrfach belegt. Sie werden im Allgemeinen Werkstätten im nordwestlichen Schwarzmeergebiet zugeschrieben. Das Exemplar aus Zakrzów zählt zu den ältesten Typenvertretern.

Ungewöhnlich ist die Beigabe eines Terra Sigillata-Tellers (Dragendorff 32) aus Stráže Grab II (**Abb. 21**). Im Gegensatz zur mitteldeutschen Gruppe, in deren Gräbern mehrfach reliefierte

Abb. 45 1 Kleine Amphore aus Achat aus Kleinjena (oben). – 2 »Achatglas« aus Zakrzów Grab I (rechts).

Abb. 47 Germanische Kopie eines römisches Silberlöffels aus Zakrzów Grab III.

Abb. 46 Faltenbecher aus den Gräbern von Zakrzów. Alle Exemplare sind heute verschollen.

Schüsseln der Form Dragendorff 37 belegt sind, spielt römisches Glanzgeschirr in Prunkgräbern der östlichen Gruppe keine Rolle. Zwar hat Sigillata auch das Gebiet des heutigen Polen erreicht, doch sind nur wenige vollständige Gefäße aus Gräbern überliefert. Der Teller aus Stráže stammt aus der Rheinzaberner Werkstatt des »REGVLINVS«, die bis ins zweite Drittel des 3. Jahrhunderts hinein produzierte.

Germanische Nachahmungen römischer Gefäße

Luxusgüter dienten nicht nur zur Steigerung des eigenen Reichtums. Sie wurden auch als Geschenke an Gefolgsleute oder Gleichrangige verwendet, um durch die Gabe eine Verbindung zu festigen. Barbarische Eliten waren daher bemüht, auch selbst in die Produktion qualitativ hochwertiger bzw. prunkvoll aussehender Objekte »einzusteigen«. Dies konnte durch die Ansiedlung fremder Handwerker geschehen, durch Handwerker mit externer Ausbildung, in einigen Fällen auch durch das bloße Kopieren fremder Formen. In welchem Maß Letzteres erfolgte, ist nur schwer zu beurteilen, denn Kopien, die aufgrund mangelnden technischen Know-hows weit von den Vorlagen abweichen, sind kaum als solche zu erkennen. Gerade im Bereich der Keramik gibt es anscheinend zahlreiche »germanische Adaptionen römischer Importgefäße« aus Glas, Metall und Ton. Zu dieser Gruppe gehören auch die Faltenbecher, die sich in allen drei Zakrzówer Gräbern fanden, aber leider heute alle verschollen sind (Abb. 46). Die ungewöhnlichen Formen deuten auf eine lokale Produktion hin, was vor allem durch die Funde aus dem großen Töpferzentrum von Zofipole (woj. małopolskie, PL) östlich von Kraków unterstrichen wird. Dort wurde von den Stufen C1 bis C3 Drehscheibenware produziert, u.a. auch Faltenbecher.

Anscheinend einmalig ist die germanische Kopie eines römischen Silberlöffels aus Zakrzów Grab III (Abb. 47). Auf den ersten Blick sieht das Exemplar aus wie ein römisches Original, doch weist es eine Verzierung am Übergang vom Stiel zur Laffe auf, die sonst an Löffeln nicht vorkommt. Es handelt sich um einen einfachen Dreieckskerbschnitt und ein graviertes Diagonalkreuz. Derartige Ornamente sind im germanischen Raum weit verbreitet, finden sich dort aber vor allem an Bronzefibeln. Zumindest seit Stufe C2 (eventuell schon seit C1) sind derartig verzierte Fibeln bekannt. Der Löffel ist jedoch einzigartig.

Das Bankett
– mit Speis und Trank ins Jenseits

Ergänzt wurde das Tafelgeschirr durch einheimische Formen. Umfangreiche Sets an Keramikgefäßen stehen vermutlich symbolisch für den Bestatteten als Veranstalter großer Bankette. Vorratsbehälter, hauptsächlich Trinkgefäße, aber auch Essgeschirr wurden beigegeben, während Kochtöpfe anscheinend fehlen (**Abb. 48**). Hier ist natürlich zu berücksichtigen, dass die Gräber aus Stráže und Zakrzów nicht fachgerecht geborgen wurden und »unansehnliche« (Grob-)Keramik eventuell nicht beachtet wurde. Überhaupt fällt auf, dass aus Stráže nur zwei Tongefäße (darunter ein importierter Sigillata-Teller) geborgen wurden. Es ist zwar nur zu vermuten, aber doch sehr wahrscheinlich, dass hier mit großen Verlusten gerechnet werden muss.

Aus Zakrzów liegen hingegen für jedes Grab mehrere Gefäße vor.

Aufgrund der geologischen Besonderheiten konnten auch Holzgefäße geborgen werden. Neben geböttcherten Eimern liegen auch mindestens zwei gedrechselte Becher vor. Einer war nahezu vollständig erhalten und bestand aus Eichenholz (**Abb. 49, 1**), von einem weiteren Eichenholzgefäß lag nur noch der Boden vor. Von einem Holzgefäß hat sich die silberne Randeinfassung erhalten und ein silberner Beschlag mit einem Ring (**Abb. 49, 2-3**). Ein vergleichbarer Beschlag wurde im Prunkgrab von Gommern entdeckt. Die Funktion erschließt sich aus vergleichbaren völkerwanderungszeitlichen Befunden. Die Ringe dienten zum Befestigen des Ge-

Abb. 48   Keramikgefäße aus Zakrzów.

Abb. 49 Zakrów Grab III. – 1 Gedrechselter Eichenholzbecher. – 2 Silberbeschlag eines Holzgefäßes. – 3 Silberne Mündungsfassung eines Holzgefäßes.

1

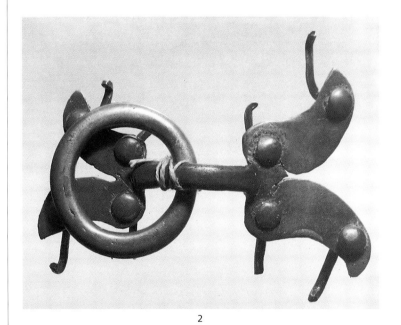

2

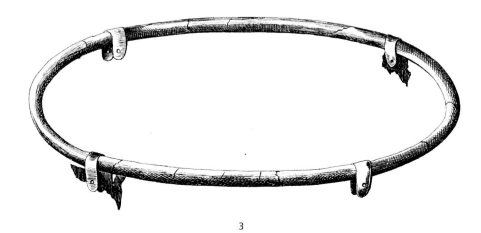

3

Abb. 50 Eibenholzeimer mit Bronzebeschlägen. – 1 Zakrzów Grab II. – 2-3 Stráže Grab II (Holz weitgehend modern ergänzt).

Abb. 51 Die Verbreitung der »Spanferkelbeigabe« im 3. und 4. Jahrhundert im Barbaricum.

fäßes am Gürtel – die Trinkgefäße wurden also mitgeführt.

Die Gruppe der geböttcherten Gefäße besteht ausschließlich aus Eimern (**Abb. 50**). Sie sind häufig in Gräbern nachzuweisen; relativ oft sind sogar Holzreste vorhanden. Stets handelt es sich um Eibe (*Taxus baccata*). Das Holz ist optisch sehr reizvoll, aber alle Pflanzenteile (mit Ausnahme des roten Samenmantels) sind hochgiftig. Warum also ausschließlich Eibe verwendet wurde, ist kaum nachzuvollziehen. Sicherlich sind die im Holz enthaltenen Stoffe auch medizinisch einsetzbar; vielleicht zeigt der Genuss geringer Mengen auch halluzinogene Wirkungen. Andererseits verliert gelagertes Eibenholz anscheinend seine toxische Wirkung, die gerade bei frischem Holz sehr hoch ist.

Im Prunkgrab von Gommern haben sich immerhin Pollenreste am Boden des Eimers erhalten, die auf eine mit Honig gesüßte Speise oder ein mit Honig gesüßtes Getränk hindeuten.

Speisereste ließen sich auch in Stráže Grab II (trotz tumultuarischer Bergung) nachweisen. Neben den menschlichen Skelettresten wurden auch Schweineknochen geborgen. Auch sie sind heute verschollen und entziehen sich einer erneuten Bestimmung. Gerade die Beigabe von Ferkeln ist aber in jüngerkaiserzeitlichen Gräbern, gerade im elbgermanischen Raum, häufiger nachzuweisen (**Abb. 51**).

Körperpflege und Spiel, Kleidung und Schmuck – barbarische Rangabzeichen und Herrschaftssymbole

Die Selbstdarstellung der germanischen Eliten erfolgte natürlich nicht durch Objekte aus dem Römischen Reich. Es gab »Rangabzeichen«, die ihre Bedeutung und ihren Ursprung im barbarischen Umfeld hatten – selbst wenn im Lauf der Zeit fremde Einflüsse aufgenommen und neue Techniken angewendet wurden. Sogar im Kontext der Prunkgräber oft unscheinbare Objekte zählen zu den Zeugnissen einer gesellschaftlich herausgehobenen Position. Geräte zur Körperpflege wie die goldene Pinzette und der goldene Ohrlöffel aus Zakrzów Grab I sind hier zu nennen, ebenso Kästchen mir silbernen Beschlägen, silberne Messerchen und silberne Scheren.

Von Bedeutung waren die häufig zur Ausstattung der Männergräber zählenden Spielsteine, die sowohl aus Stráže Grab II und Zakrzów Grab I und III (**Abb. 52**) bekannt sind. Der römische Schriftsteller Tacitus (55-ca.117 n. Chr.) beschreibt im 24. Kapitel seiner »Germania« die Leidenschaft, mit der sich die Germanen dem Würfelspiel hingaben: »Das Würfelspiel pflegen sie erstaunlicherweise in voller Nüchternheit wie ein ernsthaftes Geschäft, und zwar in so unbeschwertem Leichtsinn im Gewinnen oder Verlieren, dass sie in einem allerletzten Wurf um ihre persönliche Freiheit und ihr Leben kämpfen, wenn sie alles andere verloren haben. Der Unterlegene begibt sich in freiwillige Knechtschaft, mag er auch jünger, mag er auch körperlich kräftiger sein – er lässt sich binden und verkaufen«.

Die Beschreibung lässt erkennen, dass das Spiel kein simples Freizeitvergnügen war. Es war auch Teil der Bankettausstattung, und Ingo Gabriel wertet es »nicht zuletzt auch als divinatorisches Medium«. In kaiserzeitlichen Prunkgräbern und in einigen Kriegsbeuteopfern kommen beidseitig bespielbare Bretter und Spielbretterpaare vor, die je als Glücks- (wohl *ludus duodecim scriptorum*) und Strategiespiel (wohl *ludus latrunculorum*) dienten.

Sporen

Die meisten Prunkgräber des 3. Jahrhunderts sind Männerbestattungen. Die Zuweisung ist allerdings nicht immer ganz einfach, denn ein Kennzeichen der Gräber ist ihre Waffenlosigkeit. Lediglich Pfeilspitzen finden sich gelegentlich im elbgermanischen Gebiet. Es sind zumeist drei Exemplare pro Grab, aus Bronze oder sogar aus Silber, wie in Stráže Grab II. Oft sind sie so geschmiedet, dass sie nicht für den praktischen Gebrauch tauglich waren und daher im Grab sicherlich symbolischen Charakter hatten. Wirkt das weitgehende Fehlen von Waffen auf den ersten Blick verwunderlich, so ist doch auch auf den zeitgleichen Gräberfeldern der breiten Bevölkerung zu beobachten, dass z.B. die Beigaben von Schwertern seit der Stufe C2 nur noch sehr selten ausgeübt wurde.

Zu den geschlechtsspezifisch-männlichen Beigaben zählen aber zweifellos die Sporen. Aus Grab I von Stráže liegen Fragmente zweier unterschiedlicher silberner Paare vor. Prächtiger sind die beiden ebenfalls silbernen, asymmetrischen Paare aus Grab II, die einen sehr großen Stachel haben, der durch umgelegte, silberne Perldrähte verziert war (**Abb. 53**). Darüber hinaus zeigen sie weitere Besonderheiten: Die Sporen wurden mittels einer Lederriemengarnitur befestigt. Diese verfügte anscheinend nicht über eine Schnalle, sondern wurde »geknöpft«. Auffällig ist, dass bei jedem Sporen an einem Schenkelende ein runder Knopf, an dem anderen aber ein rechteckiger Knebel sitzt. Zudem sind auf dem Bügel der Sporen feine Linienmuster zu er-

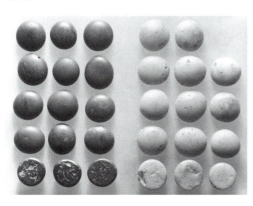

1

2

3

4

Abb. 53 Stráže Grab II. Silbersporen

Links:
Abb. 52 Gläserne Spielsteine aus Zakrzów Grab III

35

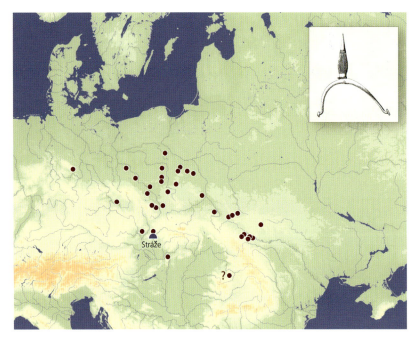

Abb. 54 Entwurf einer Verbreitungskarte der Sporen vom Typ »Ginalski G2«.

Abb. 55 Rekonstruktion des Prunkgürtels aus Zakrzów Grab I.

Stachel sogar heute noch sehr spitz sind. Eines der Exemplare wurde vermutlich erst für die Bestattung angefertigt, denn der Stachel ist hohl (**Abb. 53, 4**); er wurde aus Blech gefertigt. Dieser Sporen wiegt 36,7 g. Die anderen Exemplare weisen hingegen massiv gegossene und nachgeschmiedete Stachel auf, die mit 47,9-49,7 g deutlich schwerer sind.

In Zakrzów fehlen Sporen komplett. Da es im Bereich der Przeworsk-Kultur zahlreiche Männergräber mit Sporen gibt, wirkt das eigentlich verwunderlich. Bei genauerer Betrachtung zeigt sich aber, dass die Sitte der Sporenbeigabe dort ungefähr in der Mitte des 3. Jahrhunderts endet. Danach ist es einfach nicht mehr üblich, Männer mit ihren Sporen zu bestatten. Der Grund dafür ist nicht bekannt – der Wandel ist aber deutlich nachzuweisen. Die Zakrzówer Gräber wurden erst im letzten Drittel des 3. Jahrhunderts angelegt.

Gürtel

Statusanzeigende Objekte in germanischen Männergräbern waren in besonderem Maß die Gürtel, die z.T. mit aufwändig gestalteten Beschlägen verziert waren. Sie waren raschen Veränderungen unterworfen und sind somit gut datierbar. Auch variieren die Gürtel in den unterschiedlichen Regionen des Barbaricums. Die Analysen der Gürtel des Mooropferplatzes von Illerup (Jütland, DK) und das modern gegrabene Grab aus Gommern haben gezeigt, dass zur Ausstattung der Krieger mehrere Gürtel gehörten oder gehören konnten: ein unter der Kleidung getragener, eher unscheinbarer Gürtel, an dem das persönliche Eigentum befestigt war, und ein äußerer Gürtel, der über Halterungen/Aufhängungen für Messer sowie Feuerstahl u.Ä. verfügte und über der Kleidung getragen wurde. In Gommern ließ sich zudem ein breiter »Prunkgürtel« nachweisen, der anscheinend nur eine Funktion hatte: nämlich prunkvoll auszusehen.

kennen. Vergleichbare Sporen sind in einiger Zahl bekannt – allerdings nicht im Gebiet um Stráže. In Männergräbern der Przeworsk-Kultur treten sie in der ersten Hälfte des 3. Jahrhunderts auf (**Abb. 54**); sie sind aber stets aus Eisen gefertigt. Vermutlich sind deshalb auch nur auf einem Paar vergleichbare Verzierungen auf dem Bügel nachgewiesen, nämlich in Raków (woj. opolskie, PL). Die Sporen aus Stráže sind vor allem aufgrund des verwendeten Materials auffällig. Silberne Exemplare sind nur aus wenigen, sehr reich ausgestatteten Körpergräbern bekannt: aus Rudka, Stráže, Litoměřice, Gommern, Nordhausen, Weklice, Grabow, Voigtstedt und Leuna [4 Gräber]; aus Zethlingen (Kr. Salzwedel, D) ist ein silberner Miniatursporen bekannt. Nur Stráže Grab II enthielt zwei Paare, die zudem keinerlei Abnutzungsspuren aufweisen und deren

Leider liegen weder für Zakrzów noch für Stráže Beobachtungen zur Lage der Gürtelbeschläge im Grab vor, und es ist wahrscheinlich, dass nicht alle Beschläge geborgen wurden und ins jeweilige Museum gelangten. Dennoch ist sicher, dass jedes der Männergräber beider Fundorte mehrere Gürtel enthielt. Die Rekonstruktionen gehen davon aus, dass in gleicher Technik hergestellte und mit gleichem Ornament verzierte Stücke auch zu einem Gürtel gehörten.

In Grab I von Zakrzów war von dem »schlichten« Exemplar nur eine silberne Schnalle erhalten. Der Prunkgürtel war hingegen mit zahlreichen Silberplatten beschlagen, die figürlich und geometrisch verzierte Pressbleche aus vergoldetem

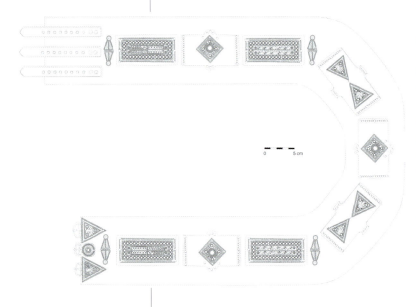

Abb. 56 Gürtelbeschläge aus Zakrzów Grab III. – (1-4 Gold. – 5-8 Silber, teilweise mit Niello, teilweise vergoldet).

Silber trugen. Lange Zeit galten diese Beschläge als Zierstücke eines Holzkästchens, doch konnte Marzena Przybyła sie eindeutig einem Gürtel zuweisen, der mit drei Schnallen geschlossen wurde (**Abb. 55**).

Die Gürtelbeschläge aus Grab III sind nicht alle sicher zuzuweisen. Von einem Prunkgürtel stammen wahrscheinlich die vier Goldschnallen mit zungenförmigen Beschlägen (**Abb. 56, 1-4**). Sie lagen in einem Bronzegefäß – der Gürtel war also separat deponiert, ähnlich wie in Gommern oder Zakrzów Grab I. Vergegenwärtigt man sich noch einmal den Gürtel aus Gommern, von dem bei einer weniger sorgfältigen Ausgrabung lediglich drei kleine Schnallen und einige runde Beschläge erhalten geblieben wären, so könnten die Objekte aus Grab III bereits die Reste eines solchen Prunkgürtels darstellen.

Weit auffälliger ist im derzeitigen Zustand ein römischer Offiziersgürtel mit großen niellierten und teilweise vergoldeten Silberbeschlägen (**Abb. 56, 5-8**). Er ist sicher unvollständig überliefert, denn ein kahnförmiger Verschlussknebel fehlt ebenso wie eine zweite Scharnierriemenzunge. Vergleichbare Gürtelgarnituren waren im östlichen Reichsteil verbreitet, während sie im Westen anscheinend komplett fehlen. Einzelne Beschläge sind beispielsweise aus Kherson (Krim, UA), »Syrien« oder Feisa (jud. Alba, RO) bekannt. Aus Budapest/Aquincum (H) und Silistra/Durostorum (obl. Silistra, BG) stammen vollständige Garnituren und auch aus dem 1906 entdeckten Schatzfund von Nagyberki-Szalacska (kom. Somogy, H) liegen mehrere Beschläge vor. Alle diese Befunde sind münzführend und liefern somit einen *terminus post quem* für die zeitliche Einordnung. Grab A von Aquincum enthielt insgesamt 40 Münzen, von denen die beiden jüngsten Antoniane des Maximianus und Diocletianus aus dem Jahr 287 sind. Im Wagengrab von Silistra fand sich eine Probus-Münze (276-282). Die Münzreihe des Schatzfundes von Szalacska endet mit einer Prägung des Carinus (283-285). In Zakrzów schließlich fand sich ein Aureus des Claudius II. Gothicus (268-270), so dass sich ein recht einheitlicher Zeitraum, nämlich ungefähr die letzten 30 Jahre des 3. Jahrhunderts, für die zeitliche Einordnung derartiger Gürtel abzeichnet.

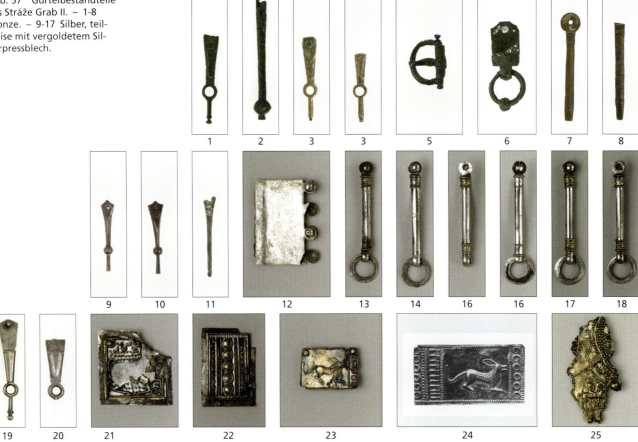

Abb. 57 Gürtelbestandteile aus Stráže Grab II. – 1-8 Bronze. – 9-17 Silber, teilweise mit vergoldetem Silberpressblech.

Mindestens ein weiterer Gürtel war dem Knaben aus Zakrzów Grab III beigegeben, denn es liegen noch mehrere Beschläge aus Silber vor, die allerdings nicht sicher zuweisbar sind. Auffällig sind die beiden Exemplare, die durch aufgelegte »Goldplättchen« verziert sind, bei denen die figürlichen Verzierungen ausgespart wurden – auf dem einen Vogelköpfe, auf dem anderen ein Adler und ein Hirsch (**Abb. 73, 5-6**).

Im Gegensatz zu Grab I aus Stráže, für das vermutlich lediglich aufgrund seiner tumultuarischen Entdeckung nur eine einfache Bronzeschnalle erhalten ist, stammen aus Grab II des slowakischen Fundortes wiederum mehrere Gürtel. Allerdings sind auch sie allem Anschein nach unvollständig geborgen worden. Von einem einfachen bronzenen Exemplar liegen eine Schnalle mit Riemenkappe, drei Riemenzungen, ein eingliedriger sowie ein mehrgliedriger Ösenbeschlag vor (**Abb. 57, 1-8**). Zu einem oder vielleicht auch zu zwei Silbergürteln lassen sich die restlichen Beschläge rekonstruieren (**Abb. 57, 9-25**). Sicherlich auf einem Prunkgürtel aufgenietet waren die mit geometrisch und figürlich verzierten Pressblechen verkleideten Stücke. Ihre unterschiedliche Breite, vor allem aber die Höhe des »Reiterpressbleches« deuten auf einen breiten Gürtel, dem man die beiden großen silbernen Riemenzungen zuweisen könnte. Daher ist es wahrscheinlich, dass die sechs silbernen Ösenbeschläge mit Ring und Pressblechverzierung zu einem weiteren, etwas schmaleren Gürtel gehörten. Dazu würde die silberne Riemenkappe passen, deren charakteristische, halbrunde bzw. überhalbrunde Niet-fortsätze allerdings im mitteleuropäischen Barbaricum fremd wirken. Bereits 1957 hat Klaus Raddatz eine Kartierung vorgelegt, die die Ausbreitung noch heute treffend beschreibt – wenngleich einige neue Fundpunkte das Bild verdichten. Sie sind typisch für Gürtel- und Zaumzeugschnallen aus Südskandinavien, die sich in einiger Zahl in den Opfermooren, beispielsweise von Thorsberg und Illerup, erhalten haben (**Abb. 58**). An den dortigen Gürteln waren auch sehr häufig Ösenbeschläge mit Ring angebracht.

Ebenfalls fremd, wenngleich aus einer ganz anderen Richtung kommend, ist der Gürtel aus Zakrzów Grab II (**Abb. 59**). Er bestand aus Silber, doch war die Schauseite der Riemenkappe mit einem vergoldeten Pressblech verziert, in dessen Mitte ein großer, sorgfältig geschliffener Karneol eingesetzt war. Ein zweiter, identischer Beschlag ist heute verschollen. Der Abbildung in der Publikation von Grempler zufolge hatte er an der Vorderkante den Ansatz einer Lasche erhalten;

dort befand sich also ein Scharnier. Die genaue Funktion ist aber nicht mehr zu bestimmen. Renata Madyda-Legutko hat eine Verbreitungskarte vergleichbarer Schnallen erstellt, die deutlich zeigt, dass die nächsten Parallelen von der Krim und aus dem nordöstlichen Schwarzmeergebiet stammen. Es gibt einige weitere Hinweise, die Beziehungen der in Grab II bestatteten Frau in diesen Raum erkennen lassen; sie werden weiter unten noch beschrieben. Auffällig ist, dass sie im Gegensatz zu den Männern nur über einen Gürtel verfügte.

Fibeln

Die Fibeln der kaiserzeitlichen Prunkgräber sind besonders aufwändig gestaltet. Sie heben sich sowohl aufgrund des verwendeten Materials als auch aufgrund der handwerklichen Qualität deutlich von der Masse der zeitgleichen Gewandspangen ab. Aus einigen Männergräbern sind Exemplare aus römischer Produktion überliefert. Aus Ostrovany stammt ein herausragendes Stück, dessen Zentrum ein großer, sorgfältig geschliffener dreischichtiger Onyx bildet (**Abb. 10**). Das Exemplar zählt zu einer kleinen Gruppe, die als »Kaiserfibeln« bezeichnet werden. Sie sind an den kaiserlichen Ornat angelehnt und wurden barbarischen Herrschern in einem streng geregelten höfischen Zeremoniell übergeben. Das Exemplar aus Ostrovany ist der älteste Beleg, denn die anderen bekannten Stücke aus dem Barbaricum datieren bereits in die Völkerwanderungszeit. Aus anderen kaiserzeitlichen Prunkgräbern sind römische »Offiziersfibeln« aus Edelmetall überliefert – so etwa aus Leuna Grab 2/1917 und 5/1926 (**Abb. 76**).

Die Fibeln aus Zakrzów und Stráže gehören zwar keiner der beiden Gruppen an, doch handelt es sich auch bei ihnen um handwerkliche Meisterleistungen. Dabei sind die Exemplare des slowakischen Fundortes noch feiner gearbeitet als diejenigen des polnischen. Alle Fibeln der Gräber aus Zakrzów und Stráže wurden im Babaricum gefertigt, doch ist ein gewisser

Abb. 58 Verbreitung der Riemenkappen und Beschläge mit halb- bzw. überhalbrunden Nietfortsätzen. – ● Grabfunde. – ▲ Mooropfer.

Abb. 59 Gürtelschnalle und -beschlag aus Zakrzów Grab II.

Abb. 60 Gewickelte Drahtkegel mit Abschluss in Form einer Granalie als charakteristische Zierelemente. – 1 Detail der goldenen Zierscheibe aus Lunnern. – 2 Detail einer goldenen Fibel aus Haßleben Grab 8.

1

2

»Technologietransfer« aus dem römischen Reich wahrscheinlich. Während bei den Zakrzówer Fibeln und Collier-Anhängern aufgrund der Filigranverzierung deutliche Beziehungen zum nördlichen Schwarzmeergebiet zu erkennen sind, weisen goldschmiedetechnische Details beispielsweise der Fibeln aus Haßleben in den Westen des Römischen Reiches. Die charakteristischen Zierelemente auf dem Bügel, die gewickelten Drahtkegel mit einer Granalie als oberer Abschluss, finden ihre meines Wissens einzigen Parallelen auf einer goldenen Zierscheibe aus dem römischen Schatzfund aus Lunnern (Kt. Zürich, CH), dessen *terminus post quem* von 249/51 durch die Prägungen der Herennia Etruscilla, der Frau des Kaisers Traianus Decius, gegeben ist (Abb. 60).

Die Fibeln aus Stráže und Zakrzów lassen sich in zwei Gruppen trennen: nämlich solche, die trotz aufwändiger Verzierung an übliche Formen anknüpfen, und sog. Prunkfibeln, zu denen es im normalen Fibelbestand keine Parallelen aus Bronze gibt, die sich aber aus gängigen Formen entwickelt haben. Alle Fibeln der beiden Fundorte bestehen aus Silber und Gold, doch wurde jeweils nur eine pro Männergrab aus massivem Gold gefertigt (Abb. 64, 5-7). Dabei kann es sich sowohl um Prunkfibeln als auch um gängige Formen handeln.

Prunkfibeln

Drei Fibeln völlig ungewöhnlicher Form, die bislang nur aus Stráže Grab II bekannt ist, werden aufgrund ihres Aussehens als Schmetterlingsfibeln bezeichnet (Abb. 61). Zwei davon sind aufgrund nahezu identischer Gestaltung als Paar gearbeitet, die dritte als Einzelstück. Alle drei weisen einen Kern aus Silber auf, der mit Goldblech verkleidet ist, auf das feine Granulation und Filigrandrähte aufgelötet sind. Auf einem Exemplar hat sich eine kleine runde Einlage aus graublauem Glas erhalten (Abb. 61, 2). Der überaus feinteilige Aufbau (Abb. 62) zeigt, dass die Fibeln Produkte ausgezeichneter Handwerker waren.

Dieselbe technische Ausführung wurde auch für das große Fibelpaar aus Zakrzów Grab II angewendet (Abb. 63, 1). Ein massiver silberner Corpus ist mit einem Goldblech auf der Schauseite ummantelt, und auf dieses sind die Filigran- und Granulationsornamente aufgebracht. Bei anderen Prunkfibeln aus Zakrzów (Abb. 64, 1-4) sind die Spiralen durch flächig aneinandergelegte Drähte verdeckt, die wiederum Granulation tragen. Es gibt aber auch gegossene Fibeln mit rhombischer Fuß- und halbrunder Kopfplatte. Insgesamt weisen die Zakrzówer Prunkfibeln eine größere Variationsbreite auf.

Auffällig ist, dass einige dieser Prunkfibeln keine Unikate sind – wie die aufwändige Herstellung zunächst vermuten lässt. Zu dem großen Fibelpaar aus Zakrzów Grab II (Abb. 63, 1) existiert ein wohl werkstattgleiches Exemplar aus Litten (Kubschütz, Lkr. Bautzen) (Abb. 63, 2), das allerdings aus einem Brandgrab stammt und daher sehr viel schlechter erhalten ist. Zu einer Silberfibel aus Zakrzów Grab III (Abb. 63, 3), die in der Literatur bislang fälschlich als »golden« beschrieben wird, bildete bereits Grempler eine Parallele aus Sanderumgård auf Fünen (DK) ab (Abb. 63, 4). Die gut vergleichbaren Prunkfibeln von weit voneinander entfernten Orten belegen die engen Kontakte der barbarischen Oberschichten. Ob durch Migration, Gaben oder Geschenke – die unterschiedlichen Gruppen standen in direkter Verbindung.

Fibeln gängiger Formen

Bei den Fibeln dieser Gruppe handelt es sich um Formen der Almgren-Gruppen VI und VII, allerdings um Edelmetallausführungen, zumeist mit Pressblechauflagen und unterschiedlichen Perl- bzw. Kerbdrahtverzierungen (**Abb. 64, 8-12**). Schlicht sind die silbernen Ausführungen mit umgeschlagenem Fuß (A 158) aus Zakrzów Grab II und III. Aus dem Kindergrab liegt allerdings auch ein goldenes Exemplar dieser Form vor. Die anderen Zakrzówer Fibeln der Almgren-Gruppe VI sind zweigliedrige Armbrustfibeln mit Pressblechzier aus vergoldetem Silberblech. Auffällig ist – und das gilt auch für die Fibeln aus Stráže –, dass keine Extra- Model für die Bleche verwendet wurden. Es wurden anscheinend vorhandene reliefierte oder filigrandrahtverzierte Flächen abgedrückt und anschließend in Streifen geschnitten; die wahllose Musterung der Bleche unterstreicht das. Für eine Fibel aus Zakrzów Grab I liegt vermutlich das Model vor – allerdings aus Grab III. Dort fand sich ein heute leider verschollenes Zierstück mit vergleichbarem Muster. Aus Stráže liegen sowohl Fibeln mit umgeschlagenem Fuß als auch solche mit hohem Nadelhalter vor. Aus massivem Gold besteht eine Fibel aus Grab I, die mit Filigran und Granulation verziert ist und nahezu unbenutzt wirkt. Die anderen Fibeln sind aus Silber und besitzen Perldrahtgarnituren und vergoldete Silberpressbleche.

Im Gegensatz zu den Prunkfibeln sind die gängigen Formen in ihr kulturelles Umfeld eingepasst – in einfacherer Ausführung sind sie auch in benachbarten Brandgräberfeldern zu finden.

1

2

3

Abb. 62   Die Explosionszeichnung zeigt den vielteiligen Aufbau. Den Corpus bildete ein gegossener Silber-»Rohling«. Vor allem vergoldete Silberbleche, Filigrandrähte und Granulation wurden zur Verzierung benutzt, um selbst die kleinen Knöpfe am Ende der Achsträger zu verzieren.

Abb. 61   »Schmetterlingsfibeln« aus Stráže Grab II.

Abb. 63 Beispiele verwandter Prunkfibeln von unterschiedlichen Fundorten.
1 Zakrzów Grab II.
2 Litten.
3 Zakrzów Grab III.
4 Sanderumgård Grab 2.

1
2

3
4

Lediglich die Verzierungselemente Pressblech und Perldrahtgarnitur sind überregionale Marker.

Das Vorhandensein mehrerer Fibelsätze pro Grab erinnert zunächst an die Gürtel, die dem Bestatteten ebenfalls in unterschiedlichen Ausführungen beigegeben wurde. Es sind aber Unterschiede zu beobachten: Einige der Fibeln wirken unbenutzt, vielleicht sogar erst für die Grablegung angefertigt. Es ist daher kaum anzunehmen, dass sie an unterschiedlichen Gewändern getragen wurden. Sie stellen wohl eher die symbolische Beigabe eines Schatzes dar – ähnlich, wie es Matthias Becker auch für die mit einer Silberfibel verhakte Goldfibel aus Gommern vermutet, die sich im Hüftbereich des Toten – also nicht in Trachtlage fanden.

Das Collier aus Zakrzów Grab II

Zu den prächtigsten Funden aus Grab II gehören zweifellos die acht mit Filigran und Granulation verzierten Goldanhänger (**Abb. 65**). Ob das überlieferte »Set« mit acht Anhängern vollständig ist, bleibt unklar. Ein vergleichbares »Collier« ist bislang aus den jüngerkaiserzeitlichen Prunkgräbern meines Wissens nicht bekannt. Überhaupt scheint der Halsschmuck hauptsächlich aus goldenen Halsringen und/oder einzelnen Anhängern – etwa eimerförmigen Amuletten – be-

1 2 3 4

5 6 7

8 9 10

11 12

Abb. 64 Fibeln aus den Prunkgräbern von Stráže und Zakrzów. – 1-4 Prunkfibeln. – 5-7 Massiv-goldene Fibeln. – 8-12 Fibeln »gängiger Formen«. – (1; 6 Zakrzów Grab I. – 3 Zakrzów Grab II. – 2; 4; 7-8 Zakrzów Grab III. – 5 Stráže Grab I. – 9-12 Stráže Grab II).

Abb. 65 Fünf Galvanoplastische Kopien der (ursprünglich acht) Anhänger aus Zakrzów Grab II. Die Originale sind verschollen.

standen zu haben, wie etwa im »Fürstinnengrab« von Haßleben. Es gibt dennoch einige Funde (mit unterschiedlichen Anhängern), die vermutlich zu einem Hals- oder Brustschmuck gehört haben. Da sie allesamt unsachgemäß geborgen wurden, ist über die Anordnung der Einzelelemente nichts bekannt. Zeitgleich mit der Zakrzówer Bestattung ist der Befund von Cejkov.

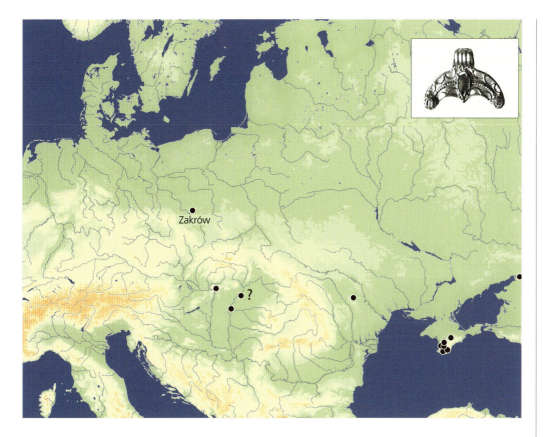

Abb. 66 Verbreitung der goldenen lunulaförmigen Anhänger mit Stein- oder Glaseinlagen aus den ersten Jahrhunderten n. Chr.

Er enthielt mehrere goldene Pressbleche unterschiedlicher Form – doch ist nicht sicher zu entscheiden, ob es sich nicht eher um Brustschmuck (aufgenähte Kleidungsbesätze) handelt. Hervorgehoben sind fünf gewölbte runde Scheiben. Derartige Scheiben fanden sich auch im Doppelgrab von Årslev (Fünen, DK), doch waren sie dort figürlich ausgearbeitet. Die Mittelbuckel wurden über einem Model als Löwenköpfe geformt. An allen sieben Scheiben des fünischen Doppelgrabes waren mit geflochtenen Golddrähten Anhänger mit Granat- und Karneoleinlagen befestigt. Die Anhänger fanden sich auf der Brust des weiblichen Individuums. Im südskandinavischen Raum wirken die Löwenkopfscheiben vollkommen fremd, und sie werden einhellig als südosteuropäische Importe interpretiert, ohne dass allerdings bis-

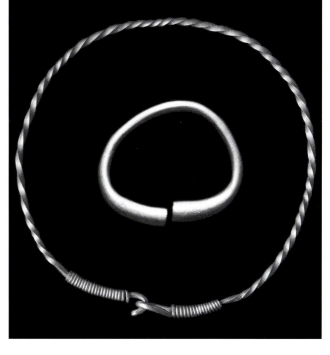

Abb. 67 Goldene Hals- und Armringe. – 1-2 Zakrzów Grab I. – 3-4 Zakrzów Grab III.

Abb. 68: Kombinationen von goldenen Status anzeigenden Objekten aus einigen Prunkgräbern.

	Halsring	Armring	Fingerring	Fibel
Zakrzów I	●	●	●	●
Zakrzów III	●	●	●●●	●
Stráže I	●	-	-	●
Ostrovany I	●	●	●●●	●
Ostrovany II	●	●	●●	●●●●
Cejkov	●	●	-	-
Gommern	●		●	●●
Haßleben	●	-	●	●●

lang gute Vergleichsfunde aufgezeigt werden konnten.

Letztlich zeigen die geringe Gesamtzahl von »Colliers« in der Germania Magna und die Fremdartigkeit der einzelnen Anhänger eine Beeinflussung von außerhalb. Aus dem Römischen Reich sind Ketten mit aufgereihten Schmuckmünzen und in einigen Fällen auch gefassten Cameos bekannt, etwa aus Naix-aux-Forges (dép. Meuse, F). Die Colliers aus dem pontischen Raum sind etwas »schlichter«. Aus dem sarmatischen Kurgan 26 aus Gradeška (obl. Olbia, UA), der ins 3./4. Jahrhundert datiert wird, stammt ein solcher Halsschmuck aus fünf goldenen filigranverzierten Lunulen. Hier im nördlichen Schwarzmeergebiet werden hellenistische Traditionen deutlich, die sich bei den »Colliers« in der Form der Anhänger spiegeln, in den Filigranornamenten, aber auch im Tragen prachtvollen Halsschmuckes überhaupt. Schließlich finden sich in diesem Raum auch lunulaförmige Anhänger mit Steineinlagen wie in Zakrzów (**Abb. 65, 5**) in einiger Zahl, und zwar schon in den ersten nachchristlichen Jahrhunderten in sarmatischen Gräbern (**Abb. 66**).

Ringschmuck

Zu den im germanischen Raum üblichen Statussymbolen gehören Hals- und Armringe, aber auch Fingerringe. Bis auf wenige Ausnahmen sind die goldenen Exemplare auf Männergräber beschränkt. Die Zakrzówer Bestattungen zeigen eine typische Ausstattung (**Abb. 68**), während in Stráže Ringschmuck scheinbar fehlt. Allerdings ist selbst der einzige bekannte Halsring des Fundortes verschollen, denn als massiver Goldfund erregte er schnell das Interesse der Entdecker – zumindest hypothetisch ist also damit zu rechnen, dass es weiteren goldenen Ringschmuck gab, dieser aber ebenso unterschlagen wurde. Während Hals- und Fingerringe eine gewisse Formenvielfalt zeigen, wurden am Handgelenk ausschließlich Kolbenarmringe getragen – eine Form, die sich bis zum Ende des 5. Jahrhunderts nicht verändert. Das bedeutet jedoch keinesfalls, dass diese Ringe stets die gleiche symbolische Bedeutung hatten.

Konträr diskutiert wird, ob die Hals- und Kolbenarmringe Herrschaftszeichen oder eher militärische Auszeichnungen waren. Das Vorkommen derartiger Ringe in Kindergräbern – und zwar in entsprechender Größe –, so etwa in Zakrzów III (**Abb. 67, 3-4**), zeigt zumindest, dass diese Bestatteten die Ringe unmöglich selbst im Heeresdienst erworben haben können. Sie müssen im Barbaricum gefertigt worden sein, wo sie eine Bedeutung als Statussymbol hatten. Die Tatsache, dass auch Kinder sie tragen konnten, belegt das Selbstverständnis herrschender Gruppen, nach dem Vorrechte nicht (nur) erworben werden mussten, sondern zumindest teilweise auch erblich waren. Immerhin weisen Hals- und Armring des Zakrzówer Knabengrabes ein Gewicht von 75 g und 72,5 g auf. Mehr als doppelt so schwer waren allerdings die Ringe aus dem Männergrab I (Halsring 196,8 g; Armring 177,6 g) (**Abb. 67, 1-2**).

Bilderwelten – »kultische Kommunikation«

Figürliche Darstellungen sind im kaiserzeitlichen Barbaricum relativ selten, wenngleich in den letzten Jahren die Zahl der bekannten Belege deutlich angestiegen ist. Sie wurden stets in einer bestimmten Technik hergestellt: Ein Model oder Stempel wurde in ein Blech abgedrückt. Natürlich ist dieses Prinzip darauf ausgelegt, zahlreiche gleichgemusterte Bleche zu produzieren, doch ist es bislang kaum je gelungen, unterschiedliche Fundstellen durch modelgleiche Abdrücke miteinander zu verbinden. Eine geradezu erzählende, szenische Kunst, wie sie sich etwa auf den römischen Silbergefäßen aus Stráže findet, wurde allem Anschein nach im Barbaricum nicht nachgeahmt. Kamen auf einem Blech mehrere Motive zum Einsatz, so stellen sie eher einen sich wiederholenden Rapport dar, wie etwa auf den Silberbechern aus Himlingøje (**Abb. 69, 3**), einem Pressblech unbekannter Funktion aus Lilla Jored nahe Göteborg (**Abb. 69, 2**) oder auch auf einem Gürtelbeschlag aus Zakrzów Grab I (**Abb. 69, 1**). Das heißt aber keinesfalls, dass nicht entscheidende Anregungen aus dem römischen Gebiet kamen. Durch eine detaillierte Untersuchung der beiden Scheiben aus dem Thorsberger Moor konnte Claus von Carnap-Bornheim wahrscheinlich machen, dass beide Exemplare im Barbaricum gefertigt, dabei aber z.T. römische Stempel benutzt wurden.

Ganz ähnliche Vorgänge lassen sich in der östlichen Gruppe der jüngerkaiserzeitlichen Prunkgräber beobachten, ohne dass bisher detaillierte Untersuchungen dazu vorliegen. Aus Ostrovany sind zwei goldene Pressbleche mit eingestempelten Sphinxen und Büsten mit Lorbeerkranz bekannt (**Abb. 70**). Die einzelnen Abdrücke wurden anscheinend hauptsächlich dazu genutzt,

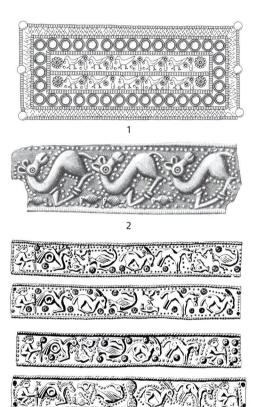

Abb. 69 Figürliche Darstellungen im sich wiederholenden Rapport.
1 Zakrzów Grab I.
2 Lilla Jored.
3 Himlingøje.

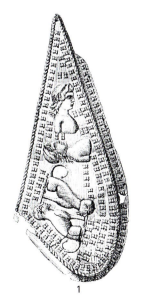

Abb. 70 Vergoldete Silberpressbleche aus Ostrovany (1-2) und die verwendeten figürlichen Stempel (3-5).

(Abb. 71). Die Form ist aus kaiserzeitlichen Gräbern und Moorfunden des Barbaricums bekannt, und auch die geometrischen Ornamente, zu denen auch tropfenförmige (wohl stilisierte) Vogelköpfe gehören, weisen in diesen kulturellen Kontext. Die figürlichen Stempel hingegen stammen aus klassisch-antikem Kontext. Die vier Bleche, die das Oberteil verkleiden, sind zu zwei Paaren zusammenzufassen, die sich aber nur in Details unterscheiden. Beide weisen an der Basis zwei antithetisch angeordnete Vierfüßer und darüber ein Mischwesen auf. Bei einem Paar handelt es sich um einen Löwen und einen Keiler und darüber ein hypocampusähnliches Tier mit Greifenkopf; bei dem zweiten Paar sind eine Löwe und eine Löwin dargestellt und darüber ein Gryllos (ein Kopffüßler bestehend aus männlichem Kopf mit Hahnenfüßen, darüber ein Pferdekopf – vermutlich eine Helmzier). Auch auf drei der vier Bleche des Schildbuckelkragens sind Grylloi dargestellt, allerdings wurde für sie ein anderer Stempel benutzt – außerdem stehen sie auf einem Blech Kopf. Auch wenn diese Kopffüßler eher wie unglückliche barbarische Umsetzungen antiker Vorbilder aussehen, sind sie genau das keinesfalls. Das Motiv findet sich in römischer Zeit zumeist auf Gemmen in Fingerringen. Doch auch auf den gerade erwähnten Pressblechen aus Ostrovany findet sich ein eingestempelter Gryllos, dessen Stempel aber nicht mit denen aus Herpály identisch ist.

Wie die beiden Zierscheiben aus dem Thorsberger Moor belegen auch die Bleche aus Ostrovany und der Schildbuckel aus Herpály einen wie auch immer gearteten Austausch barbarischer und römischer Goldschmiedewerkstätten. Die Verwendung von Gryllos-Stempeln findet sich bislang nur im Karpatenbecken, und auch im Westen des Römischen Reiches fehlen Darstellungen dieser Mischwesen. Es gibt allerdings figurale Darstellungen, die Elitengräber des gesamten Barbaricum miteinander verbinden.

Aus dem zweiten Grab von Stráže sind einige Gürtelbeschläge mit Pressblechzier erhalten. Eines davon zeigt vermutlich einen Hirsch in Seitenansicht (Abb. 73, 3). Der Beschlag war zur Zeit der Auffindung etwas »vollständiger« erhalten. Vor wenigen Jahren wurde in einem Kindergrab in Høje Taastrup auf Seeland ein nahezu identischer Beschlag gefunden (Abb. 72) – er war allerdings zu einer Fibel umgearbeitet worden. Das Motiv des Huftieres in Seitenansicht – manchmal mit dem Betrachter zugewandtem Gesicht – ist mehrfach belegt im Barbaricum, wenngleich Details einzelne Darstellungen unterscheiden. Auf der Scheibenfibel aus Tangendorf und auf dem Gürtelbeschlag aus

1

2-7

Abb. 71   1 Schildbuckel von Herpály, Bronze mit vergoldetem Silberpressblech. – 2-7 Die verwendeten figürlichen Stempel.

Freiflächen auszufüllen, was sich besonders gut an einer um 90 Grad gedrehten Büste zeigt, die so noch den Zipfel eines der Bleche auszufüllen vermag. Gerahmt sind die einzelnen Bleche durch geometrische Stempel und einen abgepressten Kerbdraht in typisch barbarischer Manier.

Auch auf dem Schildbuckel aus Herpály (Gde. Berettyóújfalu, kom. Hajdú-Bihar, H) aus der ersten Hälfte des 3. Jahrhunderts sind Pressbleche aus vergoldetem Silberblech angebracht, die barbarische und römische Stilelemente vereinen

Abb. 72 Verbreitung der Pressbleche mit Huftieren ähnlich dem aus Stráže.

Skedemosse etwa zeigt das zurückblickende Tier eine heraushängende Zunge, aber kein Geweih. Als flüchtende Tiere interpretiert Andreas Rau die Darstellung auf den Blechen aus Lilla Jored und Erga, die aber anscheinend andere Arten zeigen. Auffällig ist, dass das Motiv mit Ausnahme von Stráže ausschließlich in Skandinavien und Norddeutschland auftritt (Abb. 72).

Drei weitere Gürtelbeschläge aus Stráže weisen figürlich verzierte Pressbleche auf, die aber bislang singulär sind. Zwei zeigen ein Mischwesen mit langen Ohren, von Voitech Ondrouch als in der Steppenzone des nördlichen Schwarzmeergebietes beheimatete Springmaus identifiziert (Abb. 57, 24; 73, 2), das andere einen Reiter mit Lanze und evtl. sogar einer »Fahne« (Abb. 73, 1). Das kleine Bild ist insgesamt sehr detailliert ausgearbeitet und geht vermutlich auf römische Münzbilder zurück. Vorbilder für die »Fahne« sind dort aber nicht zu finden. Allerdings ist diese auch aufgrund der geringen Größe des Blechs nicht einwandfrei als solche zu interpretieren.

In Zakrzów sind ebenfalls Gürtelbeschläge die Träger figürlich verzierter Pressbleche (Abb. 73, 4-6). Es ist allerdings eine andere Motivwelt, die hier zutage tritt (nämlich Fische und Vögel), die die einzelnen Beschläge ziert, ohne jedoch auf einem Blech kombiniert zu sein. Es handelt sich wiederum um im Barbaricum weit verbreitete Darstellungen, wobei die Vögel – bei einer Gruppe mit langem Hals handelt es sich wohl um Gänse – zahlreicher sind. Die Fische hingegen gibt es (nicht nur) im pontischen Raum häufig in Kombination mit einem sie schlagenden Raubvogel. Doch auch die aus der mediterranen Welt stammenden Delphine, die etwa an den beiden Thorsberger Scheiben zu erkennen sind, könnten Vorbilder für die Darstellungen aus Zakrzów gewesen sein. Das Vogelmotiv ist hingegen sehr häufig auf Pressblechen belegt, wenngleich eine Reihung wie auf dem Zakrzówer Gürtel bislang einzigartig ist (Abb. 69, 1). Bislang einmalig ist auch die Darstellung eines Hirsches und eines Adlers auf einem silbernen Gürtelbeschlag aus Zakrzów Grab III. Die Schauseite ist »mit ganz dünnem Goldblech« belegt,

Abb. 73 Objekte mit figürlichen Darstellungen.
1-3 Stráže Grab II.
4-6 Zakrzów.

die Tierfiguren sind dabei aber ausgespart.
Der Sinn der weitverbreiteten Motive ist für den heutigen Betrachter kaum zu erkennen. Man hat zwar häufig versucht, anhand sehr viel jüngerer Schriftquellen, die Tiere als Attribute bzw. symbolische Darstellungen germanischer Götter zu interpretieren, doch ist der zeitliche Abstand zwischen Bild- und Schriftquellen einfach zu groß. Man kann aber davon ausgehen, dass die Bilder keine alltäglichen Inhalte zeigen, sondern im religiösen oder mythologischen Bereich angesiedelt sind. Es sind »Schlüsselbilder« oder Symbole, die beim Betrachter bestimmte Inhalte »triggerten«, ähnlich wie beispielsweise das Kreuz im christlichen Raum. Daraus ist zu folgern, dass die Verbreitung der einzelnen Motive auch Gebiete mit ähnlichen religiösen und/oder mythologischen Vorstellungen umreißt – insofern waren diese Motive sicherlich auch identitätsstiftend. Allerdings demonstrierte nur eine kleine, gesellschaftlich führende Gruppe durch das Zurschaustellen dieser Symbole eine Nähe zu den dargestellten religiösen bzw. mythologischen Inhalten.

Germanische Prunkgräber der Römischen Kaiserzeit im Spannungsfeld zwischen Römischem Reich und barbarischem Umfeld

Die Auswertung der Befunde und Funde der Prunkgräber aus Zakrzów und Stráže bietet Einblicke in die Welt barbarischer Eliten des 3. Jahrhunderts. Im Wesentlichen können das lokale Umfeld, die weiträumige Vernetzung der Eliten und deren Verhältnis zum Römischen Reich betrachtet werden.

Das siedlungsgeschichtliche Umfeld der Prunkgräber

Die Lage der Siedlungen, die zu den Prunkgräbern von Stráže und Zakrzów gehören, ist bislang unbekannt, doch werden sie kaum allzu weit von den Gräbern entfernt gewesen sein. Die Wahl der Plätze ist in beiden Fällen durch die günstige Verkehrstopographie bedingt. Allerdings zeigt ein Vergleich mit den benachbarten mittelalterlichen Städten Wrocław und Piešt'any, dass die Sepulturen eher etwas abseits der wichtigen Flusswege im Bereich kleinerer Fließgewässer angelegt waren.

Stráže in der westlichen Slowakei befindet sich im Tal der Flüsse Váh / Waag und Dudváh, einer wichtigen Nord-Süd-Verbindung. Sie wurde bereits von den römischen Truppen genutzt, die im Jahre 179 n.Chr. eine Inschrift an einem Felsen unterhalb der Burg von Trenčín hinterließen (Laugaricium). Das breite Tal des Waag verengt sich bei Piešt'any und wird von den Kleinen Karpaten und dem Inowetz-Gebirge begrenzt. Allerdings bietet sich hier die Möglichkeit sowohl nach Westen ins Marchtal zu gelangen als auch dem Waagtal Richtung Norden zu folgen. Im Kartenwerk des Ptolemaios (ca. 100-170) ist diese Situation ungefähr im Bereich von »Arsicua« erfasst, das zwischen »Luna-Wald« und den »Sarmatischen Bergen« im Land der Quaden verzeichnet ist.

Die kaiserzeitliche Besiedlung zwischen Dudváh und der Kleinen Donau ist relativ dicht (**Abb. 74**). Die Fundstellen reihen sich im Flusstal ungefähr bis nach Čachtice – wenige Kilometer nördlich von Stráže liegt das modern ausgegrabene, noch nicht abschließend publizierte »zentrale« Gräberfeld von Očkov. Zusammen mit dem Siedlungskomplex von Pobedim weisen sie auf ein wichtiges politisches und wirtschaftliches Zentrum im mittleren Váhtal.

Kulturell zeigen die kaiserzeitlichen Fundstellen der westlichen Slowakei – genau wie jene Mährens – enge Beziehungen zum elbgermanischen Raum. Gleichzeitig ist die Nähe zum Römischen Reich in den Grabbeigaben unübersehbar. Leider wurde nur ein Tongefäß aus Stráže geborgen, doch zeigt der geriefte Topf die kulturelle Verankerung im lokalen Umfeld. Vergleichbare Ware ist aus mehreren westslowakischen Fundstellen bekannt. In gewissem Maß lassen auch die »Fibeln der gängigen Formen« aus den Prunkgräbern diese lokalen Bezüge erkennen, so z.B. die zweigliedrigen Armbrustfibeln mit oberer Sehne, die sowohl als Typen mit hohem Nadelhalter als auch als solche mit umgeschlagenem Fuß mit Knopf am Fußende vorliegen. Zwar weisen die Sporen und einige Gürtelbeschläge aus Stráže Grab II in den Norden, in den Bereich der Przeworsk-Kultur und sogar nach Südskandinavien bzw. ins südliche Ostseeküstengebiet, doch wird man in den Bestatteten dennoch keine »Fremden« sehen wollen, sondern eher eine in der Region ansässige »Familie« mit weitreichenden Beziehungen.

Das Gleiche gilt für die Prunkgräber aus Zakrzów. Die Fundstelle liegt etwas abseits der Oder an der Dobra (ehemals Elsbach oder Juliusburger Wasser), einem kleinen Zufluss der Widawa (Weide). Das Gebiet der Widawa und ihrer Zuflüsse war seit der jüngeren vorrömischen Eisenzeit dicht besiedelt. Eine jüngerkaiserzeitliche Siedlung und ein Gräberfeld liegen nahe bei den Prunkgräbern. Eine kulturelle Zugehörigkeit zur Przeworsk-Kultur ergibt sich durch die Lage Zakrzóws im westlichen Ausdehnungsbereich dieser Kultur und durch einige Beigaben. Hier sind wiederum die Keramik und die »Fibeln der gängigen Formen« ausschlaggebend. Bei letzteren sind die Fibeln mit umgeschlagenem Fuß der Form Almgren 158 geradezu »Leitfossilien«.

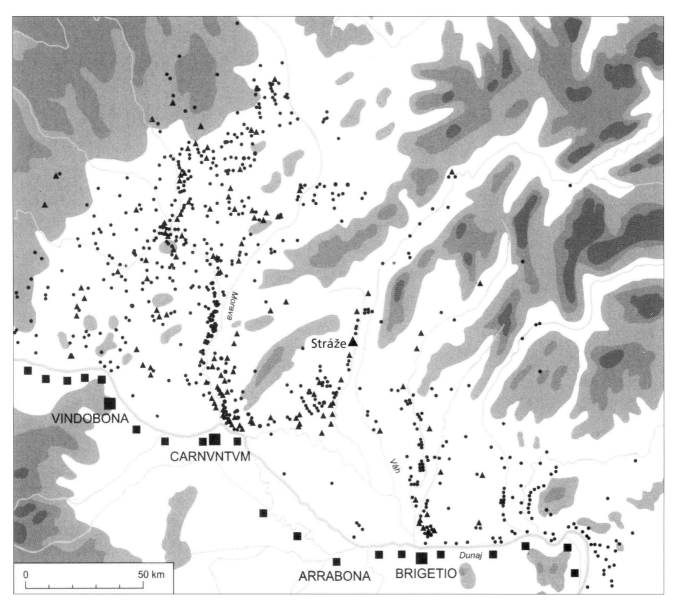

Abb. 74 Germanische Besiedlung im Vorfeld des nordpannonischen Limes. – ● Siedlung. – ▲ Gräberfeld. – ■ Römische Kastelle in Pannonien.

Die Vernetzung barbarischer Eliten

Wenngleich die Prunkgräber aus Zakrzów und Stráže in ihrem kulturellen Umfeld verankert sind, so fallen doch die weiträumigen Beziehungen der hier Bestatteten auf. Sämtliche »Prestigeobjekte« weisen auf überregionale Kontakte hin. Dies gilt sowohl für einzelne Typen (**Abb. 63**), in noch stärkerem Maß aber für die Verwendung vergleichbarer »Herrschaftszeichen« in Form von goldenen Arm- und Halsringen sowie goldenen Fibeln (**Abb. 68**). Zwar zeigen sich Unterschiede zwischen verschiedenen Regionen – die skandinavischen Schlangenkopfarmringe beispielsweise sind nur ausnahmsweise in Mitteldeutschland in den Boden gelangt, und auf Skandinavien beschränkt bleiben die Gruppen der prächtig verzierten Rosetten- und Hakenkreuzfibeln –, doch sind die Fibeln und andere Objektgruppen aus den Prunkgräbern durch technische Details miteinander verbunden, die in ihrem jeweiligen regionalen Umfeld fehlen oder zumindest selten sind. So ist beispielsweise die Verwendung figürlich verzierter Pressbleche zu nennen, die sich von Norwegen über Mitteldeutschland, Polen und Ungarn bis nach Moldawien finden. Auch die Verzierung durch einzeln gefasste geschliffene Schmucksteine verbindet weiträumig die Prestigeobjekte aus diesen Gräbern. Schließlich sei noch auf die Vorliebe hingewiesen, Edelmetallobjekte möglichst vielteilig und kompliziert herzustellen. Der enorme Arbeitsaufwand musste für den Betrachter deutlich zur Schau gestellt werden und zeigte, dass es sich um Sonderanfertigungen handelte (**Abb. 62**). Ein weiteres Merkmal verbindet die Prunkgräber des 3. Jahrhunderts: Waffen spielen als Grabbeigaben (fast) keine Rolle, d.h. sowohl bei den Bestattungszeremonien als auch innerhalb der Jenseitsvorstellungen waren sie nicht nötig. Insgesamt gesehen zeigen die Gräber der jüngerkaiserzeitlichen Eliten durchaus eine engere Verknüpfung untereinander als zu ihrem regionalen Umfeld. Dies alles lässt auf eine hohe Mobilität der kaiserzeitlichen Eliten schließen, die in ihrem Gefolge auch Goldschmiede gehabt haben müssen. Dadurch wäre zumindest die rasche Ausbreitung neuer Technologien, Zierweisen und Formen zu erklären. Die Mitglieder der unterschiedlichen Gruppen werden sich schon aufgrund vergleichbarer Statussymbole erkannt, vermutlich als gleichwertig angesehen und dies auch durch den Austausch von Geschenken und Heiraten dokumentiert haben. Die Prunkgräber belegen ein vergleichbares Wertesystem, das einen intellektuellen Austausch voraussetzte und letztlich auch eine überregionale »Herrschaftsideologie« festigte.

Eine weitere Beobachtung unterstreicht dies. Gruppiert man die Beigaben zu bestimmten »Funktionsbereichen«, so wird deutlich, dass die Eliten auch oder gerade hierbei nahezu identische Formen der Selbstdarstellung wählten. In allen Gräbern sind römische Bronze- und Glasgefäße enthalten, die in den meisten Fällen auf eine »genormte« Beigabe von Trink-, Servier- und wohl auch Handwaschgeschirr schließen lassen, im Wesentlichen aber das Bankett repräsentieren. Über die Herrschaftszeichen hinaus spielte anscheinend die Beigabe »symbolischer« Schätze eine wichtige Rolle. Als unabdingbares Zeichen von Herrschaft sind Schätze vor allem seit der Völkerwanderungs- und Merowingerzeit schriftlich dokumentiert. In der jüngeren Kaiserzeit sollten alte Prestigeobjekte – etwa römisches Silber – das Alter der jeweiligen Eliten bezeugen und somit wohl auch legitimieren. Diesem Zweck diente vermutlich auch die Verwendung von figürlichen Darstellungen, deren mythisch-religiöse Inhalte nicht nur auf großräumigen Kultgemeinschaften schließen lassen. Die Benutzung dieser Bilder ist auf eine Oberschicht begrenzt, die damit ihre eigene Nähe zu den Darstellungen propagierte.

Gute Barbaren – schlechte Barbaren: Die Beziehungen zum Römischen Reich

Zweifellos waren die Beziehungen zum Römischen Reich von besonderer Bedeutung für die germanischen Eliten. Sie spiegeln sich in den »römischen Importen«, doch stellt sich für diese stets die Frage des Erwerbs. Jan Bemmann hat eine Untersuchung zu diesem Thema mit dem Titel »Romanisierte Barbaren oder erfolgreiche Plünderer?« versehen. Selbstverständlich gibt es keine allgemeingültigen Antworten. Die Schriftquellen unterscheiden zwischen »verbündeten« und »feindlichen« Germanen, doch steckt nur

Abb. 75 Sestertius des Antoninus Pius aus den Jahren 140-144, Revers mit der Inschrift »REX QVADIS DATVS«.

allzu oft die politische Intention hinter der entscheidenden Frage, ob es sich um »gute Barbaren oder schlechte Barbaren« handelt, wie der amerikanische Historiker Ralph Mathisen formuliert hat.

Die Quaden, in deren schriftlich überliefertem Siedlungsgebiet die Gräber von Stráže liegen, hatten den Status eines Klientelstaates; sie standen in Abhängigkeit vom Römischen Reich. Eine unter Antoninus Pius in den Jahren 140-144 emittierte Prägung zeigt auf der Rückseite die Inschrift »REX QVADIS DATVS«, verweist also auf einen von Rom eingesetzten quadischen König (**Abb. 75**). Zwar änderten sich die Verhältnisse während der Markomannenkriege, doch war der mit Kaiser Commodus geschlossene Frieden für beide Seiten vorteilhaft. Gerade die archäologischen Quellen spiegeln die intensiven Kontakte zwischen Quaden und Römischem Reich. Nichtmilitärische römische Stationen im nordpannonischen Limesvorland gibt es sowohl aus der Zeit vor als auch aus der Zeit nach den Markomannenkriegen. Der über Brigetio erfolgte Zustrom von Terra Sigillata aus Rheinzabern war in der ersten Hälfte des 3. Jahrhunderts intensiv. Unter den zahlreichen römischen Importen sind zweifellos diejenigen aus den Prunkgräbern von Stráže herausragend. Sie gelangten sehr wahrscheinlich im Rahmen von Vertragsabschlüssen und in Form von diplomatischen Geschenken über die Grenze. Die tschechischen Archäologen haben die Gebiete nördlich der Donau daher als »dritte Zone zwischen Imperium und Barbaricum« bezeichnet.

Ist eine solche Einflussnahme auch bei den anderen, grenzferneren Prunkgräbern anzunehmen? Birger Storgaard postulierte bereits vor einigen Jahren für Seeland mit den prominenten Himlingøje-Gräbern einen Klientelstaat, den das Römische Reich hier nach den Markomannenkriegen installiert habe. Allerdings ist es unmöglich, den politischen Status einer Gemeinschaft oder Siedlungslandschaft lediglich anhand der archäologischen Quellen zu rekonstruieren. Die Bedeutung dieses seeländischen Zentrums ist aber unbestritten, und es setzt genau wie Stráže bereits in der Stufe C1b ein bzw. gewinnt in dieser Zeit an Bedeutung.

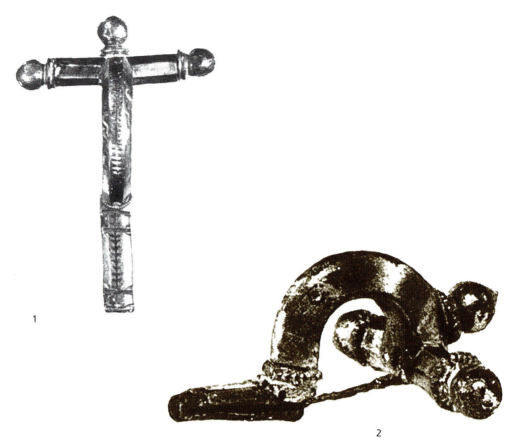

Abb. 76 Römische Militärfibeln aus Leuna.
1 Grab 2 / 1917 aus Silber mit Nielloverzierung.
2 Grab 5 / 1926 aus vergoldeter Bronze.

Ein anderes Erklärungsmodell legte Joachim Werner für die mitteldeutschen Prunkgräber der zweiten Hälfte des 3. Jahrhunderts vor. In Kombination mit schriftlichen und numismatischen Quellen meinte er, hier die Anführer germanischer Kontingente zu erfassen, die auf der Seite des Gallischen Sonderreiches gekämpft hatten. Eine Bestätigung dieser Annahme sah er im Vorkommen römischer Militärfibeln in zwei Leunaer Bestattungen (Abb. 76). Dieser Vorstellung folgte Péter Prohászka, der die Datierung des Grabes von Ostrovany sogar (methodisch nicht sauber) von den Schriftquellen ableitete: Der Bestattete habe seinen Reichtum im Heeresdienst erworben, und das sei vor der Eingliederung vandalischer Verbände unter Aurelian nicht möglich gewesen.

Versucht man, die Prunkgräber von Zakrzów und Stráže in einem größeren Kontext zu interpretieren, so wird schnell deutlich, dass das weitgehende Fehlen schriftlicher Quellen zu den politischen Verhältnissen fernab der römischen Grenzen kaum zwingende Argumentationen eröffnet. Daher ist auch die folgende Darstellung in weiten Teilen hypothetisch. Einen sinnvollen Startpunkt bilden die Markomannenkriege, die für das Römische Reich eine völlig neue Dimension in die Auseinandersetzung mit den Barbaren nördlich der mittleren Donau brachten. Ganz gleich, wie man die Intentionen des Kaisers Marcus Aurelius sieht – ob er neue Provinzen errichten wollte, oder nach herkömmlicher Lesart als »Philosoph auf dem Kaiserthron« von den Ereignissen überrollt wurde –, der Verlauf der Auseinandersetzungen wurde an deren Beginn vollkommen falsch eingeschätzt. Wenngleich die Markomannen um Aufnahme ins Reich baten und innergermanischen Druck als Begründung dafür angaben, so scheinen die Bewegungen der 6000 Langobarden und Obier aus dem Niederelbegebiet, die eben diesen Druck ausübten, auf römischer Seite nicht wahr- oder zumindest nicht ernstgenommen worden zu sein. Wollte man derartige Überraschungen zukünftig vermeiden, mussten die Kenntnisse über die Verhältnisse im inneren Barbaricum verbessert werden – oder besser noch: es mußte Einfluss auf die dortigen Eliten ausgeübt werden. Wie schnell dies umgesetzt wurde, zeigt der Friedensschluss des Kaisers Commodus mit den *gentes* nördlich der mittleren Donau. Die Klappaltäre aus Stráže, Zakrzów und Ostrovany könnten in diesem Zusammenhang zu den Germanen gelangt sein.

Im militärischen Bereich zeigt die Bildung neuer *exploratores*-Einheiten, dass das Interesse an Aufklärung umgesetzt wurde. Vielleicht ist es diesen gesteigerten Bemühungen zu verdanken,

Abb. 77 Sold für den Dienst in der römischen Armee.
1 Goldmünze des römischen Kaisers Gallienus (253-268) aus Haßleben Grab 8.
2 Goldmünze des Usurpators Tetricus (271-274) aus Leuna Grab 2 / 1917.

dass die Entstehung der sog. Großstämme, etwa der Vandalen und Goten, tief im Barbaricum in den Schriftquellen zumindest ansatzweise erkennbar wird. Großstämme und neu gebildete Stammesverbände stellten die römische Diplomatie vor neue Aufgaben, zumal sich Einfälle dieser Gruppen bis weit ins Reichsgebiet hinein häuften. Die Erfolge dieser Bemühungen zeigen sich daran, dass während der innerrömischen Auseinandersetzungen anscheinend beide Seiten germanische Verbände einbinden konnten (Abb. 77). Die barbarischen Krieger waren »kalkulierbarer« Bestandteil römischer Politik geworden. Gallienus schloss Verträge mit den elbgermanischen Juthungen, und von Aurelian ist bekannt, dass er u.a. vandalische Reiter integrierte. Letzteres erfolgte allerdings nach einem erfolgreichen Militäreinsatz und war für die Vandalen zusätzlich mit der Stellung von Geiseln verbunden – die Diplomatie war also nicht immer erfolgreich. So erfolgte als Reaktion auf die germanischen Einfälle des Jahres 233 unter Kaiser Maximinus Thrax ein Vergeltungsschlag römischer Truppen bis tief ins Barbaricum, wie Herodian berichtet. Eventuell ist das neu entdeckte Schlachtfeld am Harzhorn bei Kalefeld (Kr. Northeim) mit diesen Vorgängen zu verbinden, doch ist die Fundstelle bislang nur aus Vorberichten bekannt.

Die Kommunikationslinien zwischen den römischen Provinzverwaltungen und den barbarischen Eliten müssen im 3. Jahrhundert gut funktioniert haben. Wie sonst sollten Kaiser und Usurpatoren germanische Kontingente anwerben. Selbst die barbarischen Vorstöße weit ins Reichsinnere waren teilweise durch konkurrierende Kaiserprätendenten angestiftet, d.h., die barbarischen Krieger waren längst »kalkulierbarer« Bestandteil römischer Politik geworden. Die barbarischen Eliten mussten hingegen den Kontakt zu ihren Herkunftsgebieten wahren (wenn sie nicht im Römischen Reich bleiben wollten), denn nur so konnten sie die Politik mitbestimmen. Wenngleich gut 100 Jahre jünger, so gibt eine Stelle in den Res Gestae (XXXI.10,3) des römischen Schriftstellers Ammianus Marcellinus einen prägnanten Hinweis auf alamannische Eliten als »Wanderer zwischen den Welten« und auf die Kommunikation zwischen beiden Räumen: »Ein Mann dieses Stammes [der Lentiensier], der in der kaiserlichen Garde [Gratians] diente, war wegen einer dringlichen Angelegenheit nach Hause gekommen...«. Anscheinend verfügte im 4. Jahrhundert nicht nur die römische Verwaltung über intensive Kontakte zu barbarischen Eliten, sondern die im Reichsgebiet tätigen Barbaren hatten effektive Kommunikationsstrukturen in ihre Herkunftsgebiete aufgebaut.

Das Entstehen dieser grenzübergreifenden Vernetzungen liegt bereits im 3. Jahrhundert. Der Einsatz germanischer Kontingente im römischen Heer war eine »Win-win-Situation« für beide Seiten. Die römische Armee wurde aufgestockt, potentielle Angreifer wurden eingebunden. Die Barbaren wurden entlohnt und erhielten zusätzlich Einblicke in die effizienten römischen Strukturen. Die handelnden Gruppen beider Seiten konnten ihre machtpolitischen Interessen mithilfe der jeweils anderen Gruppe stärken.

Die barbarischen Kriegergruppen kehrten in ihr Herkunftsgebiet zurück und brachten neben materiellen Gütern auch neue Eindrücke und Vorstellungen mit. Sicherlich waren viele von ihnen erst im römischen Dienst aufgestiegen und mussten ihren erworbenen Reichtum und Status demonstrieren. Es ist sehr wahrscheinlich, dass die Prunkgräber im Barbaricum auf Vorbilder aus den römischen Provinzen zurückgehen. Körperbestattungen, Kammergräber und selbst reiche Grabausstattungen sind dort im 3. Jahrhundert zu finden. Teilweise sind sogar dieselben »Funktionsgruppen« in den Grabbeigaben zu erkennen, die allerdings weit deutlicher durch das in einer mittelalterlichen Abschrift überlieferte »Testament des Lingonen«, der Grabinschrift eines Angehörigen der gallischen Oberschicht, genannt werden: Jagd, Sport- und Badeutensilien (Körperpflege), Bankett (Speisen) und Stoffe zeigen, was alles im Jenseits zur Verfügung stehen sollte.

Eine Beeinflussung aus dem römischen Gebiet weitab vom Limes lässt auf intensive Kontakte schließen. Diese gingen über die einfache Verwendung römischer Güter hinaus. Römische Diplomatie und barbarische Kriegerkontingente im

Römischen Reich sorgten in besonderem Maße für die »partielle Romanisierung« germanischer Eliten. Zusätzlich zu diesen Faktoren sorgte die weiträumige Vernetzung barbarischer Oberschichten für die Herausbildung eines regelrechten Prunkgräber-Horizontes im mittel- und nordeuropäischen Barbaricum in den letzten beiden Dritteln, vor allem aber in der zweiten Hälfte des 3. Jahrhunderts. Nüchtern archäologisch betrachtet zeigen die Beigabenausstattungen dieser Gräber intensive »interkulturelle Kontakte«, deren Grundlage Heiko Steuer in der Mobilität barbarischer Eliten erkannte, die er als »Grenzgänger zwischen den Kulturen« beschrieb. Im 4. Jahrhundert bricht dieser Horizont plötzlich wieder ab, ohne dass die Gründe dafür klar zu benennen wären. Denkbar wäre eine fortschreitende »Romanisierung« dieser Gruppen. Erst die Wirren der Völkerwanderungszeit in der ersten Hälfte des 5. Jahrhunderts bedingen anscheinend wieder die Selbstdarstellung barbarischer Eliten durch prunkvolle Bestattungen.

Literatur

Die Rahmenbedingungen
J. F. Drinkwater, The Gallic Empire. Separatism and Continuity in the North-Western Provinces of the Roman Empire A.D. 260-274 (Stuttgart 1987).

J. Haas, Die Umweltkrise des 3. Jahrhunderts n.Chr. im Nordwesten des Imperium Romanum (Stuttgart 2006).

U. Hartmann, Das palmyrenische Teilreich (Stuttgart 2001).

M. Sommer, Die Soldatenkaiser (Darmstadt 2004) [mit umfangreicher Literaturliste].

E. Winter / B. Dignas, Rom und das Perserreich. Zwei Weltmächte zwischen Konfrontation und Koexistenz (Berlin 2001).

Ch. Witschel, Krise – Rezession – Stagnation? Der Westen des römischen Reiches im 3. Jahrhundert n. Chr. (Frankfurt 1999).

Germanische Fürstengräber des 3. Jahrhunderts
Gold für die Ewigkeit. Das germanische Fürstengrab von Gommern [Austellungskat. Halle] (Halle 2000).

J. Bemmann, Zum Totenritual im 3. Jahrhundert n. Chr. In: Gold für die Ewigkeit. Das germanische Fürstengrab von Gommern [Austellungskat. Halle] (Halle 2000) 58-73.

U. Lund Hansen, Himlingøje – Seeland – Europa. Ein Gräberfeld der jüngeren römischen Kaiserzeit auf Seeland, seine Bedeutung und internationalen Beziehungen (København 1995).

W. Schlüter, Versuch einer sozialen Differenzierung der jungkaiserzeitlichen Körpergräbergruppe von Haßleben-Leuna anhand einer Analyse der Grabfunde. Neue Ausgrabungen und Forschungen in Niedersachsen 6, 1970, 117-145.

W. Schulz, Leuna. Ein germanischer Bestattungsplatz der spätrömischen Kaiserzeit (Berlin 1953).

W. Schulz / R. Zahn, Das Fürstengrab von Haßleben (Berlin 1933).

Die östliche Gruppe der germanischen Fürstengräber
E. Beninger, Der Wandalenfund von Czéke-Cejkov. Annalen des Naturhistorischen Museums in Wien 45, 1931, 183-224.

D. Bohnsack, Ein ostgermanisches Fürstengrab bei Pilgramsdorf in Ostpreussen. Germanen-Erbe 2, 1937, 258-261.

D. Bohnsack, Die Germanen im Kreise Neidenburg unter Berücksichtigung der neuesten Funde. Alt-Preußen 3, 1938, 67-79 [Pilgramsdorf].

W. Hülle, Ein ostgermanisches Hügelgrab bei Pilgramsdorf. Mannus 32, 1940, 154-165.

A. Kokowski, Ein sogenanntes »Fürstengrab« von Rudka in Wolhynien. In: B. Storgaard (Hrsg.), Military aspects of the aristocracy in Barbaricum in the roman and early Migration Period (Copenhagen 1999) 41-53.

Schätze der Ostgoten [Ausstellungskat. Bevern] (Stuttgart 1995) 102-107. 192-194 [Rudka].

E. Petersen, Ein reicher gepidischer Grabfund aus Wolhynien. Gothiskandza 3, 1941, 39-52 [Rudka].

P. Prohászka, Das vandalische Königsgrab von Osztropátaka (Ostrovany, SK) (Budapest 2006).

Reallexikon der Germanischen Altertumskunde² (Berlin, New York)
  Bd. 5 (1984) 120-122 s.v. Czéke-Cejkov (H. Steuer).
  Bd. 22 (2003) 376-378 s.v. Osztrópataka (I. Ioniță).
  Bd. 25 (2003) 403-406 s.v. Rudka (M. Kazanski, H. Steuer).

Wrocław-Zakrzów
C. von Carnap-Bornheim / W. Kreft, Ein Luftbild von Sakrau (Zakrzów, Wrocław). In: B. Storgaard (Hrsg.), Military aspects of the aristocracy in Barbaricum in the Roman and early Migration Period (Copenhagen 2001) 27-40.

W. Grempler, Der Fund von Sackrau (Breslau 1887).

W. Grempler, Der II. und III. Fund von Sackrau (Breslau 1888).

M. Jahn, Der Fund von Sacrau. Die Hohe Strasse 1, 1938, 60-65.

E. Konik, Śląsk starożytny a Imperium Rzymskie (Warszawa, Wrocław 1959).

I. Kramarkova, Groby książęce z III/IV w. n.e. we Wrocławiu-Zakrzowie. W. stulecie odkryć [Die Fürstengräber aus dem 3./4. Jh. u.Z. in Wrocław-Zakrzów. Zum hundertsten Jahrestag der Entdeckungen]. Silesia Antiqua 32, 1990, 61-174.

K. Majewski, Importy rzymskie na ziemach Słowiańskich (Wrocław 1949).

K. Majewski, Importy rzymskie w Polsce (Warszawa, Wrocław 1960).

D. Quast / K. Demidziuk, Prunkgräber der jüngeren römischen Kaiserzeit aus Wrocław-Zakrzów (ehemals Sakrau) (Mainz, in Vorb.)

Reallexikon der Germanischen Altertumskunde[2] 26 (Berlin, New York 2004) 320-325 s.v. Sakrau (M. Mączyńska).

T. Stawiarska / P. Wielowiejski, Nieznane naczynie szklane z grobu »książęcego« we Wrocławiu-Zakrzowie. Światowit 42 (= N.S. 1) Fasc. B, 1999, 203-206.

J. und P. Wielowiejski, Uwagi o wyposażeniu okazałych grobów z Wrocławia-Zakrzowa [Einige Bemerkungen zur Ausstattung der Prunkgräber aus Wrocław-Zakrzów]. Archeologia (Warszawa) 43, 1992, 79-84.

Stráže

M. Klčo / V. Krupa, German graves from Roman times from Krakovany-Stráže (Piešťany 2003).

M. Klčo / V. Krupa, Hroby z doby sťahovania národov z Krakovian-Stráží (Piešťany 2008).

T. Kolník, Römische und germanische Kunst in der Slowakei (Bratislava 1984).

T. Kolník, Bolo v 3. storočí v okolí Piešťan kráľovstvo Kvádov? Historicka Revue 2009 /1, 52-57.

V. Ondrouch, Bohaté hroby z doby rímskej na Slovensku (Bratislava 1957).

Reallexikon der Germanischen Altertumskunde[2] 35 (Berlin, New York 2007) 32-35 s.v. Stráže (H. Steuer).

B. Svoboda, Neuerworbene römische Metallgefäße aus Stráže bei Piešťany (Bratislava 1972).

L. Zotz, Das Fürstengrab von Straze bei Bad Pistyan. Kosmos. Handweiser für Naturfreunde 32, 1935, 349-352.

L. Zotz, Die germanischen Fürstengräber von Strasche. Nachrichtenblatt für Deutsche Vorzeit 16, 1940, 150-156.

L. Zotz, Stráže, der germanische Königshof im Waagtal. Karpatenland 12, 1941/42, 21-30.

Datierung der Gräber

R. Ciołek, Ein Aureus aus Grab III von Wrocław-Zakrzów. In: D. Quast / K. Demidziuk, Prunkgräber der jüngeren römischen Kaiserzeit aus Wrocław-Zakrzów (ehemals Sakrau) (Mainz, in Vorb.)

K. Godłowski, The chronology of the late Roman and early Migration Period in central Europe (Kraków 1970).

T. Kolník, Honosné spony mladšej dobey rímskej vo svetle nálezov z juhozápadného Slovenska [Prunkfibeln der jüngeren Kaiserzeit im Lichte der südwestslowakischen Funde]. Slovenská Archeológia 12, 1964, 409-446.

T. Kolník, Preľad a stav bádania o dobe rímskej a sťahovaní národov [Übersicht und Stand der Erforschung der römischen Kaiserzeit und Völkerwanderungszeit]. Slovenská Archeológia 19, 1971, 499-558.

E. Krekovič, Zur Datierung der Fürstengräber der römischen Kaiserzeit in der Slowakei. In: Probleme der relativen und absoluten Chronologie ab Latènezeit bis zum Frühmittelalter (Kraków 1992) 55-68.

H. Stange / J. Ulrich, Ein münzdatiertes spätkaiserzeitliches Körpergrab von Siedenbollentin, Lkr. Demmin. Jahrbuch Bodendenkmalpflege in Mecklenburg-Vorpommern 49, 2001, 125-135.

Bestattungsritus und Grabbau

S. K. Palágyi / L. Nagy, Römerzeitliche Hügelgräber in Transdanubien (Ungarn) (Budapest 2002).

H. Phleps, Die Bauart des Totenhauses eines gotischen Gaufürsten in Pilgramsdorf bei Neidenburg. Mannus 31, 1939, 399-411.

K. Pieta / P. Roth, Kniežacia hrobka z Popradu – Matejoviec. Pamiatky a múzeá 2007/3, 44-47.

O. H. Urban, Das Gräberfeld von Kapfenstein (Steiermark) und die römischen Hügelgräber in Österreich (München 1984).

»Römische Importe«

a. Materialübergreifende Arbeiten

Der Barbarenschatz. Geraubt und im Rhein versunken [Ausstellungskat. Speyer] (Stuttgart 2006).

M. Becker, Klasse und Masse – Überlegungen zu römischem Sachgut im germanischen Milieu. Germania 81, 2003, 277-288.

H.-J. Eggers, Der römische Import im freien Germanien (Hamburg 1951).

E. Künzl, Die Alamannenbeute aus dem Rhein bei Neupotz[2] (Mainz 2008).

U. Lund Hansen, Römischer Import im Norden. Warenaustausch zwischen dem römischen Reich und dem freien Germanien während der Kaiserzeit unter besonderer Berücksichtigung Nordeuropas (København 1987).

Reallexikon der Germanischen Altertumskunde[2] 25 (Berlin, New York 2003) 138-158 s.v. Römischer Import (R. Wolters / M. Erdrich / H.-U. Voß).

H.-U. Voss / P. Hammer / J. Lutz, Römische und germanische Bunt- und Edelmetallfunde im Vergleich. Bericht der Römisch-Germanischen Kommission 79, 1998, 108-382.

M. Wheeler, Rome beyond the imperial frontier (London 1954).

b. Drei- und Vierfuß

U. Klatt, Römische Klapptische. Drei- und vierbeinige Stützgestelle aus Bronze und Silber. Kölner Jahrbuch für Vor- und Frühgeschichte 28, 1995, 349-573.

J. Kolendo, Der Vierfuß aus dem Fürstengrab von Wrocław-Zakrzów. Beutegut oder diplomatisches Geschenk? In: B. Niezabitowska-Wiśniewska u.a. (Hrsg.), The turbulent epoch. New materials from the Late Roman period and the migration period (Lublin 2008) 79-85

J. Kolendo, Der Vierfuß aus Grab I – ein römischer Klappaltar. In: D. Quast / K. Demidziuk, Prunkgräber der jüngeren römischen Kaiserzeit aus Wrocław-Zakrzów (ehemals Sakrau) (Mainz, in Vorb.).

c. Bronzegefäße

B. Bienert, Die römischen Bronzegefäße im Rheinischen Landesmuseum Trier (Trier 2007).

M. Erdrich, Zur Herstellung von Hemmoorer Eimern. In: S. T. A. M. Mols u.a. (Hrsg.), Acta of the 12th International Congress on Ancient Bronzes (Nijmegen 1995) 33-38.

L'. Kraskovská, Roman bronze vessels from Slovakia (Oxford 1978).

L. Notte, Les seaux de Hemmoor en France et en Europe (Bruxelles 1989).

R. Petrovszky, Die römischen Metallgefäße. In: D. Quast / K. Demidziuk, Prunkgräber der jüngeren römischen Kaiserzeit aus Wrocław-Zakrzów (ehemals Sakrau) (Mainz, in Vorb.)

J. Wielowiejski, Die spätkeltischen und römischen Bronzegefäße in Polen. Bericht der Römisch-Germanischen Kommission 66, 1985, 123-320.

d. Silbergefäße

Das Haus lacht vor Silber. Die Prunkplatte von Bizerta und das römische Tafelgeschirr [Ausstellungskat. Bonn] (Köln, Bonn 1997).

J. Jílek, Skyfy typu Meroe z Krakovan-Stráží a Ostrovan. In: E. Droberjar / M. Lutovský (Hrsg.), Archäologie der Barbaren 2005 (Prag 2006) 405-429.

S. Künzl, Quellen zur Typologie römischen Tafelsilbers. Sborník Národního Muzea v Praze, Řada A – Historie 54, 2000, 71-86.

Tresors d'orfèvrerie Gallo-Romain [Ausstellungskat. Paris, Lyon] (Paris 1989).

J. Wielowiejski, Die römerzeitlichen Silbergefäße in Polen. Bericht der Römisch-Germanischen Kommission 70, 1989, 191-241.

d.1 Lanx von Stráže

J. Bouzek, Die große Lanx von Stráže bei Piešt'any und der Klientelstaat der Quaden. In: K. Kuzmová / K. Pieta / J. Rajtár (Hrsg.), Zwischen Rom und dem Barbaricum. Festschrift für Titus Kolník zum 70. Geburtstag (Nitra 2002) 225-228.

Št. Holčik / V. Turčan, Rukovät' Lanxu z Krakovian-Stráží [Griff der Lanx aus Krakovany-Stráže]. Zborník Slovenského Národného Múzea – Archeológia, 92, 1998, 75-83.

E. Simon, Die Lanx von Stráže. Anodos. Studies of Ancient World 1, 2001, 197-208.

e. Glasgefäße

Chr. W. Clairmont, The Glass Vessels. The Excavations at Dura-Europos. Final Report IV, Part V (New Haven 1963).

F. Fremersdorf, Figürlich geschliffene Gläser. Eine Kölner Werkstatt des 3. Jahrhunderts (Berlin 1951).

B. Neumann, Antike Gläser IV. Zeitschrift für angewandte Chemie 42, 1929, 835-838.

G. Rau, Körpergräber mit Glasbeigaben des 4. nachchristlichen Jahrhunderts im Oder-Weichsel-Raum. Acta Praehistorica et Archaeologica 3, 1972, 109-214.

G. Rau, Spätantike Facettschliffgläser in Nord- und Osteuropa. Acta Praehistorica et Archaeologica 40, 2008, 221-240.

B. Rütti, Die römischen Gläser von Augst und Kaiseraugst (Augst 1991).

N. P. Sorokina, Facettenschliffgläser des 2.-3. Jhd. u. Z. aus dem Schwarzmeergebiet. In: Annales du 7e Congrès International d'Étude historique du Verre, Berlin-Leipzig 1977 (Liège 1978) 111-122.

J. Żelazowski, Die Glasgefäße. In: D. Quast / K. Demidziuk, Prunkgräber der jüngeren römischen Kaiserzeit aus Wrocław-Zakrzów (ehemals Sakrau) (Mainz, in Vorb.).

f. germanische Nachahmungen römischer Gefäße

M. Hegewisch, Germanische Adaptionen römischer Importgefäße. Berichte der Römisch-Germanischen Kommission 86, 2005, 197-348.

H. Dobrzańska, Zagadnienie dużych ośrodków produkcji ceramiki szarej w środkowoeuropejskim Barbaricum: przypadek Zofipola k. Krakowa. In: Ceramika warsztatowa w środkowoeuropejskim Barbaricum (Wrocław 2008) 175-203.

R. Nowak-Rodzińska, Löffel und Geräte der Körperpflege. In: D. Quast / K. Demidziuk, Prunkgräber der jüngeren römischen Kaiserzeit aus Wrocław-Zakrzów (ehemals Sakrau) (Mainz, in Vorb.).

Bankett

A. Abegg-Wigg, Zu den Grabinventaren aus den Fürstengräbern von Neudorf-Bornstein. In: A. Abegg-Wigg / A. Rau (Hrsg.), Aktuelle Forschungen zu Kriegsbeuteopfern und Fürstengräbern im Barbaricum (Neumünster 2008) 279-297.

A. Becker, Die metallbeschlagenen germanischen Holzeimer der römischen Kaiserzeit. Jahrbuch des Römisch-Germanischen Zentralmuseums 53, 2006, 345-520.

M. Bohr, Die Keramik. In: D. Quast / K. Demidziuk, Prunkgräber der jüngeren römischen Kaiserzeit aus Wrocław-Zakrzów (ehemals Sakrau) (Mainz, in Vorb.).

M. Gagneux-Granade, Seaux à cerclages de bronze: pourquoi l'if ? Instrumentum 17, 2003, 22-23.

F. Hageneder, Die Eibe in neuem Licht. Eine Monographie der Gattung Taxus (Saarbrücken 2007).

Barbarische Rangabzeichen

O. Almgren, Studien über nordeuropäische Fibelformen der ersten nachchristlichen Jahrhunderte mit Berücksichtigung der provinzialrömischen und südrussischen Formen[2] (Leipzig 1923).

M. Becker, Männer und Krieger, Frauen und Knaben. Ein Diskussionsbeitrag zu den goldenen Halsringen der spätrömischen Kaiserzeit und der Spätantike. In: Terra Praehistorica. Festschrift für Klaus-Dieter Jäger zum 70. Geburtstag (Langenweißbach 2007) 359-365.

C. von Carnap-Bornheim / J. Ilkjær, Illerup Ådal 5-8: Die Prachtausrüstungen (Aarhus 1996).

U. Giesler, Jüngerkaiserzeitliche Nietknopfsporen mit Dreipunkthalterung vom Typ Leuna. Saalburg-Jahrbuch 35, 1978, 5-56.

J. Ginalski, Ostrogi kabłąkowe Kultury Przeworskiej. Klasyfikacja typologiczna [Bügelsporen der Przeworsk-Kultur. Eine typologische Klassifikation]. Przegląd Archeologiczny 38, 1991, 53-84.

J. Ilkjær, Illerup Ådal 3-4: Die Gürtel, Bestandteile und Zubehör (Aarhus 1993).

M. Jahn, Der Reitersporn, seine Entstehung und früheste Entwicklung (Leipzig 1921).

T. Kolník, Honosné spony mladšej dobey rímskej vo svetle nálezov z juhozápadného Slovenska [Prunkfibeln der jüngeren Kaiserzeit im Lichte der südwestslowakischen Funde]. Slovenská Archeológia 12, 1964, 409-446.

Th. Krüger, Das Brett- und Würfelspiel der Spätlatènezeit und römischen Kaiserzeit im freien Germanien. Neue Ausgrabungen und Forschungen in Niedersachsen 15, 1982, 135-324.

R. Madyda-Legutko, Die Gürtelschnallen der römischen Kaiserzeit und der frühen Völkerwanderungszeit im mitteleuropäischen Barbaricum (Oxford 1986).

R. Madyda-Legutko, Importe von metallenen Gürtelteilen des römischen Heeres im mitteleuropäischen Barbaricum. Archeologia (Warszawa) 42, 1991, 85-115.

A. Matschoss, Kaiserzeitliche Beigabe von Brettspielobjekten im Barbaricum. Ethnographisch-Archäologische Zeitschrift 48, 2007, 465-498.

D. Quast / K. Demidziuk, Prunkgräber der jüngeren römischen Kaiserzeit aus Wrocław-Zakrzów (ehemals Sakrau) (Mainz, in Vorb.); darin folgende Artikel:

K. Andersson, Fingerringe.

K. Czarnecka, Die Kästchen.

I. Jacubczyk, Messer und Scheren.

M. Mączyńska, Die golden Arm- und Halsringe.

R. Madyda-Legutko, Glasspielsteine aus den Gräbern I und III.

R. Madyda-Legutko, Ein Prachtgürtel mit Karneolen aus Grab II.

M. Przybyła, Ein Prachtgürtel aus dem Grab 1 von Wrocław-Zakrzów (Sakrau). Ein Rekonstruktionsversuch. Archäologisches Korrespondenzblatt 35, 2005, 105-122.

K. Raddatz, Der Thorsberger Moorfund. Gürtelteile und Körperschmuck (Nemünster 1957).

Reallexikon der Germanischen Altertumskunde[2] 29 (Berlin, New York 2005) 354-363 s.v. Spiel- und Spielzeug (I. Gabriel).

J. von Richthofen, Ein unerkanntes »Fürstengrab« der spätrömischen Kaiserzeit? Die Prunkfibel vom Typ Sakrau und das Brandgräberfeld von Litten in der Oberlausitz. In: St. Burmeister / H. Derks / J. von Richthofen (Hrsg.), Zweiundvierzig. Festschrift für Michael Gebühr zum 65. Geburtstag (Rahden 2007) 207-220.

B. Storgaard, Årslev-fundet – et fynsk gravfund fra slutningen af yngre romersk jernalder. Aarbøger for Nordisk Oldkyndighed og historie 1990, 23-58.

J. Werner, Der goldene Armring des Frankenkönigs Childerich und die germanischen Handgelenkringe der jüngeren Kaiserzeit. Frühmittelalterliche Studien 14, 1980, 1-49.

Bilderwelten

R. Blankenfeldt, Der bilderfeindliche Germane? In: Ch. Grünewald / T. Capelle (Hrsg.), Innere Strukturen von Siedlungen und Gräberfeldern als Spiegel gesellschaftlicher Wirklichkeit (Münster 2007) 99-107.

R. Blankenfeld, Das gebogene Blech aus dem Thorsberger Moor. In: A. Abegg-Wigg / A. Rau (Hrsg.), Aktuelle Forschungen zu Kriegsbeuteopfern und Fürstengräbern im Barbaricum (Neumünster 2008) 55-84.

L. Boye, Two rich cemeteries from the late Roman Iron Age in Høje-Taastrup, west of Copenhagen. In: M. Lodewijckx (Hrsg.), Bruc Ealles Well. Archaeological essays concerning the peoples of north-west Europe in the first millennium AD (Leuven 2004) 47-55.

C. von Carnap-Bornheim, Neue Forschungen zu den beiden Zierscheiben aus dem Thorsberger Moorfund. Germania 75, 1997, 69-99.

N. Fettich, Der Schildbuckel von Herpály, sein nordischer Kunstkreis und seine pontischen Beziehungen. Acta Archaeologica (Kopenhagen) 1, 1930, 221-262.

T. Gesztelyi, Zur Deutung der sog. Grylloi. Acta Classica Universitatis Scientarum Debreceniensis 28, 1992, 83-90.

U. E. Hagberg, Silverhinden från Skedemosse. Tor 1961, 123-138.

M. Nagy, Tierdarstellungen und der germanische Tierstil I im Gebiet der mittleren Donau (Budapest 2007).

M. J. Przybyła, Die Tierdarstellungen auf den mit Pressblech verzierten Fundstücken aus Grab 1 von Wrocław-Zakrzów – ein Beitrag zum Ideentransfer in den ersten nachchristlichen Jahrhunderten. In: D. Quast / K. Demidziuk, Prunkgräber der jüngeren römischen Kaiserzeit aus Wrocław-Zakrzów (ehemals Sakrau) (Mainz, in Vorb.).

A. Rau, Arkaden und Vögel. Form und Bildinhalt von Feinschmiedearbeiten als Indikatoren für Beziehungen skandinavischer Eliten des 4. Jahrhunderts n. Chr. Archäologisches Korrespondenzblatt 35, 2005, 89-103.

J. Werner, Das Aufkommen von Bild und Schrift in Nordeuropa (München 1966).

Interpretation

G. Alföldi, Der Friedensschluss des Kaisers Commodus mit den Germanen. Historia 20, 1971, 84-109.

J. Bemman, Romanisierte Barbaren oder erfolgreiche Plünderer? Anmerkungen zur Intensität, Form und Dauer des provinzialrömischen Einflusses auf Mitteldeutschland während der jüngeren Römischen Kaiserzeit und der Völkerwanderungszeit. In: A. Bursche / R. Ciołek (Hrsg.), Antyk i Barbarzyńcy. Księga dedykowana Profesorowi Jerzemu Kolendo w siedemdziesiątą Rocznicę urodzin (Warszawa 2003) 53-108.

A. Błażejewski, Der besiedlungsgeschichtliche Kontext der Gräber von Zakrzów. In: D. Quast / K. Demidziuk, Prunkgräber der jüngeren römischen Kaiserzeit aus Wrocław-Zakrzów (ehemals Sakrau) (Mainz, in Vorb.).

J. Bouzek / I. Ondřejová, »Třetí zóna« mezi a Barbarikem při Noricko-Pannonském Limitu [Die »dritte Zone« zwischen Rom und Barbaricum an dem norisch-pannonischen Limes]. Archeologické Rozhledy 42, 1990, 22-33 [33-35].

D. C. Braund, Rome and the friendly King. The Character of Client Kingship (London 1984)

J. Fitz, Pannonien und die Klientel-Staaten an der Donau. Alba Regia 4/5, 1963/64, 73-85.

J. Klose, Roms Klientel-Randstaaten am Rhein und an der Donau (Breslau 1934).

T. Kolník, Römische Stationen im slowakischen Abschnitt des nordpannonischen Limesvorlandes. Archeologické Rozhledy 38, 1986, 411-434.

T. Kolník / V. Varsik / J. Vladár, Branč. Eine germanische Siedlung vom 2. bis zum 4. Jahrhundert (Nitra 2007).

K. Kuzmová / P. Roth, Terra Sigillata v Barbariku. Nálezy z germánských sídlisk a pohrebísk na území Slovenska (Nitra 1988).

Y. LeBohec (Hrsg.), Le Testament du Lingon (Lyon, Paris 1991).

R. W. Mathisen, Peregrini, Barbari, and Cives Romani: Concepts of Citizenship and the Legal Identity of Barbarians in the Later Roman Empire. American Historical Review 111, 2006, 1011-1040.

L. F. Pitts, Relations between Rome and the german »kings« on the middle Danube in the first to fourth centuries A.D. Journal of Roman Studies 79, 1989, 45-58.

Ph. von Rummel, Habitus barbarus. Kleidung und Repräsentation spätantiker Eliten im 4. und 5. Jahrhundert (Berlin, New York 2007).

H. Steuer, Archäologie und germanische Sozialgeschichte – Forschungstendenzen in den 1990er Jahren. In: K. Düwel (Hrsg.), Runische Schriftkultur in kontinental-skandinavischer und -angelsächsischer Wechselbeziehung (Berlin, New York 1994) 10-55.

H. Steuer, Fürstengräber der römischen Kaiserzeit in Germanien – Bestattungen von Grenzgängern. In: M. Fludernik / H.-J. Gehrke (Hrsg.), Grenzgänger zwischen Kulturen (Würzburg 1999) 379-392.

B. Storgaard, Kosmopolitische Aristokraten. In: Sieg und Triumph. Der Norden im Schatten des römischen Reiches [Ausstellungskatalog Kopenhagen] (Kopenhagen 2003) 106-125.

K. Strobel, Die »Markomannenkriege« und die neuen Provinzen Marc Aurels: Ein Modellfall für die Verflechtung von Innen- und Außenpolitik des Römischen Reiches. In: Carinthia Romana und die römische Welt. Festschrift für Gernot Piccottini zum 60. Geburtstag (Klagenfurt 2001) 103-124.

J. Tejral, Die Verbündeten Roms nördlich des pannonischen Limes und ihre Nobilität während der Spätantike. In: F. Vallet / M. Kazanski (Hrsg.), La noblesse romaine et les chefs barbares du IIIe au VIIe siècle (Condé-sur-Noireau 1995) 139-154.

J. Werner, Bemerkungen zur mitteldeutschen Skelettgräbergruppe Haßleben-Leuna. In: H. Beumann (Hrsg.), Festschrift für Walter Schlesinger 1 (Köln, Wien 1973) 1-30.

J. Werner, Zu den römischen Mantelfibeln zweier Kriegergräber von Leuna. Jahresschrift für Mitteldeutsche Vorgeschichte 72, 1989, 121-134.

Abbildungsnachweise

Abb. 1; 2-4: Nach Moi, Zénobie, Reine de Palmyre [Ausstellungskat. Paris] (Milano 2001) 50 Abb. oben links; 249 Nr. 134; 311 Nr. 252.

Abb. 2; 6; 9; 19; 34,2; 62: Graphik: Michael Ober, RGZM.

Abb. 5: Nach E. Schallmayer (Hrsg.), Niederbiber, Postumus und der Limesfall (Bad Homburg v.d.H. 1996) Umschlag vorn.

Abb. 7; 69, 3: Nach U. Lund Hansen, Himlingøje – Seeland – Europa. Ein Gräberfeld der jüngeren römischen Kaiserzeit auf Seeland, seine Bedeutung und internationalen Beziehungen (København 1995) 154 Abb. 4, 23; Taf. 2.

Abb. 8: Nach S. Dušek, Ur- und Frühgeschichte Thüringens (Weimar, Stuttgart 1999) 120f.

Abb. 10; 11: Nach W. Seipel (Hrsg.), Meisterwerke der Antikensammlung. Kurzführer durch das Kunsthistorische Museum 4 (Wien 2005) 235 Nr. 105; 241 Nr. 107.

Abb. 12; 26; 68: D. Quast (Die Daten aus Gommern für Abb. 12 verdanke ich M. Becker, Halle – Goldfunde mit großen Steineinlagen wurden nicht mitgewogen).

Abb. 13; 52: Vorlage: Archiwum Państwow we Wrocławiu, nach den Ortsakten des Landesamtes für vorgeschichtliche Denkmalpflege in Breslau (Abb. 13 als Strichzeichnung abgedruckt bei W. Grempler, Der Fund von Sackrau [Breslau 1887] Taf. 1).

Abb. 14; 20; 44,1-3; 46-49; 56, 1-4. 7; 59, 2; 64,3-4. 7; 67: Vorlage: Muzeum Miejskie Wrocławia, Oddział Muzeum Archeologiczne.

Abb. 15; 49, 2: Nach W. Grempler, Der II. und III. Fund von Sackrau (Breslau 1888) 15; Taf. 5, 9.

Abb. 16, 17: Nach M. Klčo / V. Krupa, Hroby z doby sťahovania národov z Krakovian-Stráží (Piešťany 2008) Abb. 2; Abb. 22.

Abb. 18: Nach L. Zotz, Karpatenland 12, 1941/42, 29 Abb. 9

Abb. 21; 25; 27, 3; 29; 31, 2; 34, 1; 35, 1; 36-42; 44, 4; 45, 1; 50; 53; 56, 5-6.8; 57, 1-5. 7; 59, 1; 61; 63, 1-3; 64, 1-2. 5-6. 8-12; 65: Aufnahme: Volker Iserhardt, René Müller, Sabine Steidl, RGZM.

Abb. 22, 1: Nach Bohnsack, Altpreußen 3,1938, 75 Abb. 18.

Abb. 22, 2: Nach Phleps, Mannus 31, 1939, 406, Abb. 10.

Abb. 23: Nach K. Pieta / P. Roth, Pamiatky a múzeá 2007/3, 44.

Abb. 24; 31, 1; 32: Nach W. Grempler, Der Fund von Sackrau (Breslau 1887) Taf. 1.

Abb. 27, 1-2; 28: Nach Inventarbuch RGZM, Aufnahme: Sabine Steidl, RGZM.

Abb. 30; 45, 2: Nach Corpus der römischen Funde im europäischen Barbaricum. 6: Land Sachsen-Anhalt (Bonn 2006) Taf. 116, 2; 121, 1; 130,2 (Ausschnitt).

Abb. 33: Nach G. M. Koeppel, Bonner Jahrbücher 186, 1986, 53 Abb. 29 (leicht verändert).

Abb. 35, 2: Nach W. Schulz / R. Zahn, Das Fürstengrab von Haßleben (Berlin 1933) Taf. 17, 4.

Abb. 35, 3: Nach Tresors d'orfèvrerie Gallo-Romain [Ausstellungskat. Paris, Lyon] (Paris 1989) 145 Abb. 91.

Abb. 43: Nach S. Sorokina in: Annales du 7e Congrès International d'Étude Historique du Verre, Berlin-Leipzig, 15-21 août 1977 (Liège 1978) 119 Abb. 4.

Abb. 44, 4: Nach T. Stawiarska / Wielowiejski, Światowit 42 (= N.S. 1) Fasc. B, 1999, Taf. 74.

Abb. 55; 69, 1: Nach M. Przybyła, Archäologisches Korrespondenzblatt 35, 2005, 113 Abb. 7.

Abb. 57, 24: Nach L. Zotz, Nachrichtenblatt für Deutsche Vorzeit 15, 1939, Taf. 14, 2.

Abb. 60, 1: Nach S. Martin-Kilcher / H. Amrein / B. Horisberger, Der römische Goldschmuck von Lunnern (ZH) (Zürich 2008) 69 Abb. 2, 13.

Abb. 60, 2: Nach G. Behm-Blancke, Gesellschaft und Kunst der Germanen. Die Thüringer und ihre Welt (Dresden 1973) Taf. 4.

Abb. 63, 4: Nach L. Jørgensen / P. Vang Petersen, Guld, Magt og Tro (København 1998) 178 Abb. 134.

Abb. 69, 2: Nach A. Rau, Archäologisches Korrespondenzblatt 35, 2005, 94 Abb. 4, 2.

Abb. 70: Nach: P. Prohászka, Das vandalische Königsgrab von Osztropátaka (Ostrovany, SK) (Budapest 2006) 32 Abb. 13b.

Abb. 71: Nach N. Fettich, Acta Archaeologica (Kopenhagen) 1, 1930, Taf. 11. Umzeichnung der Stempel: Michael Ober, RGZM.

Abb. 73, 1-3: Zeichnung Michael Ober, RGZM. – 4-6: Nach W. Grempler, Der Fund von Sackrau (Breslau 1887) Taf. 16, 15; W. Grempler, Der II. und III. Fund von Sackrau (Breslau 1888) Taf. 6,8; 9, 4-6 mit Hervorhebungen durch Michael Ober, RGZM.

Abb. 74: Nach T. Kolník / V. Varsik / J. Vladár, Branč. Eine germanische Siedlung vom 2. bis zum 4. Jahrhundert (Nitra 2007) 11 Abb. 2 (leicht verändert).

Abb. 75: Nach T. Kolník, Römische und germanische Kunst in der Slowakei (Bratislava 1984) Abb. 5-6.

Abb. 76; 77, 2: Nach W. Schulz, Leuna. Ein germanischer Bestattungsplatz der spätrömischen Kaiserzeit (Berlin 1953) Taf. 2, 1. 3; 29, 1.

Abb. 77, 1: Nach W. Schulz / R. Zahn, Das Fürstengrab von Haßleben (Berlin 1933) Taf. 6, 5.

Verbreitungskarten (Graphik für alle Karten: Michael Ober, RGZM):

Abb. 6: Umgezeichnet nach M. Becker in: Gold für die Ewigkeit. Das germanische Fürstengrab von Gommern [Austellungskat. Halle] (Halle 2000) 147.

Abb. 51: Kartierung nach der Zusammenstellung bei H. Schach-Dörges, Fundberichte aus Baden-Württemberg 22/1, 1998, 627-654 bes. 636.

Abb. 54: Kartiert nach J. Ginalski, Przegląd Archeologiczny 38, 1991, 53-84. – Nachträge: Szob: I. Bóna, Acta Archaeologica Academiae Scientarum Hungariae 15, 1963, 239-307 bes. Taf. 50,1. 2. – Pławniowice: D. Abłamowicz / D. Podyma, Sprawozdania Archeologizne 54, 2002, 125-140 bes. 130 Abb. 4. – »Kyffhäuser«: R. Zschille / R. Forrer, Der Sporn in seiner Form-Entwicklung (Berlin 1891) Taf. 1,14. – Cășeiu: D. Isac, in: C. Gaiu / C. Găzdac (Hrsg.), Fontes Historiae. Studia in Honorem Demetrii Protase (Bistrița, Cluj-Napoca 2006) 437-453 bes. 453 Abb. 5,2a. – Očkov: T. Kolník, Slovenská Archeológia 13, 1965, 183-236 bes. 192 Abb. 6,6. – Záryby: J. Schránil, Die Vorgeschichte Böhmens und Mährens (Berlin, Leipzig 1928) Taf. 57,6. – Piaski Grab 340: M. Olędzki, Hamburger Beitr. Arch. 11, 1984, 99-123 bes. Taf. 6. – Ladná bei Břeclav: J. Tejral, Die nachträglichen germanischen Siedlungsaktivitäten am Burgstall bei Mušov. In: H. Friesinger / A. Stuppner (Hrsg.), Mensch und Umwelt – Ökoarchäologische Probleme in der Frühgeschichte (Wien, im Druck).

Abb. 58: Kartiert nach K. Raddatz, Der Thorsberger Moorfund. Gürtelteile und Körperschmuck (Neumünster 1957) Karte 7. – Nachträge: U. E. Hagberg, The Archaeology of Skedemosse I (Stockholm 1967) (Skedemosse). – R. Madyda-Legutko, Die Gürtelschnallen der römischen Kaiserzeit und der frühen Völkerwanderungszeit im mitteleuropäischen Barbaricum (Oxford 1986) (Zauschwitz, Chmielów Piaskowy). – J. Bemmann / G. Hahne, Berichte der Römisch-Germanischen Kommission 75, 1994, 283-640 (Vesten, Tryti, Dyva, Gullen, Skarlöv). – J. Ilkjær, Illerup Ådal. 3-4: Die Gürtel, Bestandteile und Zubehör (Aarhus 1993). – C. von Carnap-Bornheim / J. Ilkjær, Illerup Ådal. 5: Die Prachtausrüstungen (Aarhus 1996).

Abb. 66: Nach D. Quast, Die Anhänger. In: D. Quast / K. Demidziuk, Prunkgräber der jüngeren römischen Kaiserzeit aus Wrocław-Zakrzów (ehemals Sakrau) (Mainz, in Vorb.)

Abb. 72: Nachweise für die Objekte: Fredsö und Tangendorf: J. Werner, Das Aufkommen von Bild und Schrift in Nordeuropa (München 1966) Taf. 5, 1; 11, 1. – Skedemosse und Stráže: U. E. Hagberg, The Archaeology of Skedemosse (Stockholm 1967) Bd. I, 55 Abb. 45 und Bd. II, 23 Abb. 13. – Thorsberg: C. von Carnap-Bornheim, Germania 75, 1997, 74 Abb. 3 (Ausschnitt). – Høje-Taastrup: L. Boye, in: M. Lodewijckx (Hrsg.), Bruc Ealles Well. Archaeological essays concerning the peoples of north-west Europe in the first millennium AD (Leuven 2004) 53 Abb. 10. – Häven: O. Almgren, Studien über nordeuropäische Fibelformen der ersten nachchristlichen Jahrhunderte mit Berücksichtigung der provinzialrömischen und südrussischen Formen² (Leipzig 1923) Taf. 10, 225.